Minimalismus

Mehr Glück und Zeit im Leben durch Minimalismus für Anfänger und Fortgeschrittene

Bonus:
Minimalismus durch die Macht der Visualisierung

Stefan Seifert

1. Auflage

ISBN: 9781090881298

Inhaltsverzeichnis

Vorwort

Hi liebe Leserin, lieber Leser, ich freue mich wirklich sehr, dass du dir meinen praktischen Ratgeber zum Thema „*Minimalismus*“ gekauft hast und möchte mich daher bereits vorab bei dir dafür bedanken.

An dieser Stelle möchte ich ganz kurz die Gelegenheit nutzen, mich und mein Team vorzustellen. Ich bin **Stefan Seifert** und Teil eines großartigen Teams. Mein Team besteht aus insgesamt vier Leuten (James, Stephanie, Alina und meiner Wenigkeit) und wir sind Teil des Instituts für mentale Gesundheit mit zahlreichen internationalen Standorten.

Unsere Mission ist es, das Leben von anderen Menschen positiv zu beeinflussen und ihnen dabei zu helfen, ihr Leben zum Besseren zu verändern. Hierfür haben wir uns in den letzten Jahren eine große Expertise in zahlreichen Bereichen rund um die Themen **Glück**, **Gesundheit**, **Persönlichkeitsentwicklung**, **gesellschaftliche Entwicklungen** und **Trendforschung** aufgebaut.

Wir beraten weltweit Menschen, die nach mehr in ihrem Leben streben und versuchen stets das Beste aus sich selbst rauszuholen. Wir unterstützen unsere Kundinnen und Kunden dabei, glücklicher und zufriedener zu werden, bessere soziale Beziehungen aufzubauen und zu pflegen, oder auch ihre mentale und körperliche Gesundheit zu verbessern!

Wir freuen uns, dass auch du dich dazu entschlossen hast, eine Wende in deinem Leben herbeizuführen und dein Leben zum Besseren zu verändern.

Übrigens: Der Experte in unserem Team für Minimalismus bin ich, Stefan Seifert. Ich werde dich durch unseren tollen Ratgeber begleiten und wünsche dir nun viel Spaß und mindestens genauso viele neue Erkenntnisse, die dir dabei helfen, dein Leben zum Positiven zu verändern.

Stefan Seifert

Einleitung

„We buy things we don't need with money we don't have to impress people we don't like“ (Film: Fight Club)

Es ist Freitagabend. Vielleicht sitzt du gerade in deinem Zimmer, starrst auf deinen Laptop, Computer oder auf dein Tablet. Nebenan liegt dein iPhone oder Samsung, das du regelmäßig auf Nachrichten überprüfst.

Es fällt regelmäßig herunter und du regst dich auf, als würde es um dein Leben gehen. Vielleicht geht es dir auch um dein Leben, schließlich hältst du so den Kontakt zu deinen Freunden, vielleicht zu deiner Freundin.

Eventuell zahlst du auch schon mit deinem Smart Phone und generell kannst du dir den Alltag ohne dein geliebtes Mobiltelefon nicht mehr vorstellen. Irgendwann schaltest du dein Tablet dann aus und schaltest dafür den Fernseher an. Im Bett werden dann noch Videos auf dem Handy geschaut, ehe du die Nachricht erhältst, dass das neuste Smart Phone von Samsung oder Apple schon auf dem Weg ist. „*Das will ich haben*", denkst du dir, obwohl es für „*Normalos*" gar nicht mehr ersichtlich ist, was sich an den High-Tech-Geräten eigentlich noch großartig verändert, abgesehen von der Größe des Bildschirms.

Vielleicht trifft diese Beschreibung nicht komplett auf dich zu, doch vielleicht kennst du auch nur jemanden, auf den diese Beschreibung ziemlich gut zutrifft. Sollte dem auch nicht so sein, dann kannst du dir mit Sicherheit vorstellen, dass der Alltag von

Millionen von Jugendlichen in Deutschland und auf der ganzen Welt dennoch so oder so ähnlich aussieht.

Die Digitalisierung, Modernisierung und Technisierung unserer Gesellschaft ist schon weit vorangeschritten. Unsere Smart Phones werden immer intelligenter. Bald werden sie noch mehr Aufgaben für uns übernehmen, als sie es eh schon tun.

Bei all dem technischen Fortschritt könnte man sich als Mensch, sofern einem die Chance zur Entschleunigung überhaupt eingeräumt wird, die Frage stellen: *inwieweit hilft mir persönlich dieser technische Fortschritt eigentlich weiter? Profitiere ich, profitiert die Gesellschaft von diesem Wandel überhaupt? Die Art und Weise, wie wir kommunizieren? Unsere Liebe zum Besitz, unsere Gier, zu konsumieren?*

Sobald wir uns das fragen, werden wir schnell zur Erkenntnis kommen, dass unsere Gesellschaft in Wahrheit schnelllebiger und auch oberflächlicher geworden ist.

Dabei wird kein Bereich bzw. Aspekt der Realität ausgespart: wir kommunizieren immer mehr, doch wird unsere Kommunikation immer unpersönlicher. Wir haben die Chance, mit vielen Menschen gleichzeitig zu kommunizieren und werden am Ende doch immer einsamer.

Unsere Liebe zum Besitz und Konsum nimmt zu. *„Hast du was bist du was“* ist aktueller denn je. Und während wir versuchen, das Neuste und Erstbeste zu besitzen, um besonders trendy und im Nerv der Zeit zu sein, nehmen wir unsere Beziehungen immer weniger ernst, können sie auch weniger ernst nehmen.

Die **Folge**: Eine oberflächliche Gesellschaft mit oberflächlichen Beziehungen führt zu unausgeglichenen, unzufriedenen und unglücklichen Menschen, die leichter denn je aus der Bahn bzw. Spur geraten und krank werden.

Wenn dir all das auch schon aufgefallen ist, du nun einen Weg suchst, um all dem zu entkommen, um mit gutem Beispiel voran zu gehen, um dein Leben aktiv und bewusst in andere, in bessere Bahnen zu lenken, dann wirst du dich folglich fragen, welche Wege es denn gibt, um diesem Wahn, diesem Wahnsinn zu entkommen?

Tatsächlich gibt es Menschen, die darauf schon eine passende Antwort gefunden haben. Minimalisten nämlich. Menschen, die sich von all dem frei gemacht haben, was sie zum Leben nicht brauchen. Menschen, die durch das Nötigste wieder Augen für das haben, was im Leben wirklich wichtig ist. Du musst kein Minimalist werden, nachdem du diesen Text gelesen hast. Vielleicht ist es für dich auch nur interessant zu erfahren, welche anderen Lebensstile so möglich sind.

Tauchen wir nun also gemeinsam ein in die Welt des Minimalismus!

Stefan Seifert

Wie lebt man “*minimalistisch*”?

Den „*Minimalismus*“ findet man in Kunst und Kultur, doch mit Minimalismus ist auch das „*einfache Leben*“, also ein minimalistischer Lebensstil gemeint. Synonymisch werden in diesem Zusammenhang auch die Begriffe „*freiwillige Einfachheit*“ oder „*Downshifting*“ gebraucht. Menschen, die sich für diesen Lebensstil entscheiden, sorgen für einen alternativen Weg zur konsumorientierten Gesellschaft, um Alltagszwängen entgegenzuwirken.

Das **Ziel**: ein selbstbestimmtes und erfülltes Leben. Solche Menschen werden im Volksmund oft als „*Aussteiger*“ bezeichnet.

Für einen minimalistischen Lebensstil kann man sich zum Beispiel dann entscheiden, wenn man sich dem Materialismus entsagen will. Besitz ist für Menschen in der Regel wichtig, weil er über den eigenen sozialen Status, das Ansehen, die Reputation und das Prestige entscheidet. Minimalisten vermeiden es hingegen, der Unterhaltung wegen zu konsumieren und kaufen gezielter ein.

Handelt es sich um ein reines Begehren, oder geht es um eine echte Notwendigkeit? Eine Frage, die sich Minimalisten vor jedem Einkauf stellen. Damit entlastet man nicht nur sich selbst, sondern auch die Umwelt, da man weniger Abfall produziert. Je nach Vorliebe des Aussteigers und je nach Belieben kann der minimalistische Lebensstil sogar so weit gehen, dass man sich der Arbeit entsagt.

Denn schließlich kann man argumentieren, dass man durch einen Job lediglich Lebenszeit durch ein Entgelt austauscht.

Ein finanzielles Entgelt, das letztlich nur wieder dafür sorgt, dass der Konsum aufrechterhalten werden kann. Neben dieser materiellen Kritik ist es wie schon erwähnt die Schnelllebigkeit unseres Alltages, die bei Minimalisten Gegenstand von Kritik wird. Der Mensch wird nach Meinung vieler Aussteiger überbeansprucht, es herrscht ein ständiger Zeit- und Termindruck und Menschen werden, auch durch den technologischen Fortschritt, permanent reizüberflutet.

Auch die Massenmedien werden mit in die Kritik vieler Minimalisten einbezogen, denn durch ihre teilweise einseitige Berichterstattung tragen sie zu der kritisierten Lebensweise der Menschen bei. Dass dieses Thema aktueller denn je ist, wurde auch durch den Erfolg eines Bestsellers im **November 2008** bewiesen.

Die *„100 Things Challenge“* hatte es im Rahmen des literarischen Werkes zum Ziel, seinen Besitz auf genau 100 Gegenstände zu begrenzen. Es kann also verschiedene Arten, Formen und Ausprägungen geben, wenn es darum geht, minimalistisch zu leben. Neben diesen verschiedenen Formen, die nun Gegenstand des Textes sein werden, gehen mit der Lebensweise natürlich auch einige Vor- und Nachteile einher.

Die Ursprünge

Zunächst kannte man den Begriff „*Minimalismus*“ aus der Kunst-Szene. Der Minimalismus in der Kunst begann in den 1960er-Jahren zu wirken. Dabei galt der Minimalismus als Gegenstück zum Expressionismus. Maler begannen damit, Bilder und Gemälde zu malen, die mit weniger Farben angefertigt wurden und weniger Formen präsentierten.

Dabei wurde bereits in der Antike von einem minimalistischen Lebensstil gesprochen. Stoiker predigten schon damals die Einfachheit. Und auch im 19. Jahrhundert versuchte man in den Vereinigten Staaten, das Leben zu „*vereinfachen*“.

Das wurde beispielsweise durch den Philosophen Henry David Thoreau erfolgreich umgesetzt. Er beschrieb im Jahr 1852 sein durch und durch minimalistisches Leben im berühmten Werk „**Walden**“. Er lebte zwei Jahre lang in einer abgeschiedenen Hütte am Walden-See im US-Bundesstaat Massachusetts. Schon er entschied sich also, der damaligen „*Massengesellschaft*“ den Rücken zu kehren.

Wenn schon er vor über 150 Jahren den Anlass dazu sah, dürfte einem schon bewusstwerden, dass es heutzutage nicht weniger Anreize für einen solchen Lebensstil geben wird. Minimalismus ist auch heute noch angesagt. Als Beispiel dient das Apple iPhone, das im Design jedenfalls minimalistisch ist. Doch nicht alles, was minimalistisch aussieht, kann auch so genutzt werden.

Das Geheimnis des Minimalismus wird sich dem erschließen, der minimalistisch handelt. Das geht auf verschiedene Arten und Weisen. In diesem Zusammenhang gilt das Motto „*learning by doing*“, denn indem du dich für eine bestimmte Form des Minimalismus entscheidest, wirst du spüren, wie es glücklich und zufrieden macht, sich in bestimmten Lebensbereichen zu reduzieren. Denn letzten Endes reduziert man sein Leben dadurch nicht - im Gegenteil.

Formen des Minimalismus

Es gibt keine offiziellen Unterscheidungen oder Arten des Minimalismus. In der Praxis gibt es aber typische Ausprägungen und Formen, die sich durchgesetzt haben und die dir im Folgenden vorgestellt werden sollen.

Beim Minimalismus geht es letzten Endes darum, dass du ein bewussteres Leben führen kannst, mit dem du dich besser identifizieren kannst.

Daher ist es natürlich optimal, wenn du selbst den richtigen minimalistischen Lebensstil für dich findest. Für manche kann es reichen, das eigene Verhalten in bestimmten Situationen zu hinterfragen. Andere wollen einen radikalen Wandel vollziehen und ihr Leben grundlegend verändern.

Was das Richtige für dich ist, ob der Minimalismus dir überhaupt Antworten auf Fragen geben kann, musst du letztendlich für dich persönlich entscheiden.

Typ 1: Der Essentialist

Wie der Name schon verrät, geht es diesem minimalistischen Typ um „*Essenzielles*". In der Realität kann das heißen, dass man als Minimalist möglichst wenig, dafür aber qualitativ Hochwertiges besitzen möchte. Überfluss ist schließlich nur Ballast und so geht es nicht darum, Geld zu sparen, sondern das Richtige zu besitzen, das dann auch dementsprechend länger halt und Freude bereitet.

Dieser Typ folgt quasi dem Motto: *„Qualität vor Quantität"*. Dabei müssen qualitativ hochwertige Dinge und Gegenstände natürlich nicht immer zwangsläufig mehr kosten. Letztlich geht es auch und vor allem darum, sich besser und intensiver mit den Gütern auseinanderzusetzen, die man konsumiert.

Typ 2: Der Strikte

Diesem Typ geht es vor allem darum, sich selbst gesetzte strikte Vorgaben umzusetzen. Eine minimalistische Vorgabe könnte beispielsweise die des angesprochenen Buches sein: man billigt sich selbst den Besitz von genau 100 Dingen zu.

Ist man bereits im Besitz von 100 Gegenständen, muss man sich einer Sache entledigen, um für Nachschub sorgen zu können. Auch auf diese Art und Weise erfolgt natürlich eine intensive Auseinandersetzung mit den Dingen, die man besitzen möchte. Schließlich muss der Konsum durch die Vorgabe gut durchdacht werden.

Typ 3: Der Naturalist

Hierbei handelt es sich um einen Minimalisten, der sein „*Handlungsfeld*" klar eingeschränkt bzw. definiert hat. Denn wie bereits angesprochen geht es beim Minimalismus häufig darum, der Umwelt einen Gefallen zu tun.

Das ist natürlich dringend notwendig, denn durch die allgemeine Lebensweise der Menschen tragen wir dazu bei, dass sich die Erderwärmung konstant fortsetzt und immer fatalere Folgen drohen. Man könnte quasi behaupten, die Menschen verhalten sich so, als hätten sie diese Erde von ihren Vorfahren geerbt.

Naturalisten sehen es eher so, dass Menschen diesen Planeten von ihren Nachfahren geliehen haben. Um dieses Credo in die Tat umzusetzen, verringern Naturalisten ihren ökologischen Fußabdruck, setzen beispielsweise auf Bio- oder Fair-Trade-Produkte.

Auf Autofahren und die entsprechenden Abgase werden verzichtet. Das Fahrrad wird eventuell zum wichtigsten Verkehrsmittel.

Zusätzlich dazu kann es sich anbieten, regionale Händler durch den Einkauf zu unterstützen, allgemein den Einzelhandel mehr in seine Planungen miteinzubeziehen oder beispielsweise auch ein Auge auf die Müll- und Abfallentsorgung zu haben.

Typ 4: Der Spirituelle

Dieser Typ richtet seinen Minimalismus eher auf sich selbst, indem er sich selbst besser kennen und schätzen lernen möchte. Für diesen Typ spielen beispielsweise Meditation und Selbstachtsamkeit eine große Rolle. Der Geist ist schließlich eine zarte Pflanze, die permanent gegossen werden möchte.

Auch dafür kann sich der minimalistische Lebensstil anbieten, denn schließlich befinden wir uns alle auf einer Reise, die davon lebt, dass wir lernen. Bekanntlich lernt man auch nie aus.

Dass viele Menschen sich diesem Typen bzw. dieser Methode bereits hingezogen fühlen, zeigt der allgemeine Trend für Achtsamkeitsübungen oder beispielsweise der Yoga-Trend. Denn auch damit lässt sich die innere Mitte besser ausbalancieren.

Typ 5: Der Abenteurer

Auch in den Regalen der Buchläden findet

man zahlreiche Bücher von Aussteigern, die sich zum „*Aussteigen*“ entschieden haben und letztlich mit einem Rucksack in die Welt hinaus ziehen. Man benötigt nur wenig Geld, aber viel Aufgeschlossenheit und Offenheit, um sich „*da draußen*“ zu Recht zu finden.

Dabei kann es ratsam sein, unterwegs Arbeit anzunehmen, denn um wirklich weit herum zu kommen, muss man sich hier und da schon mal etwas einfallen lassen. Dieser Typ des Minimalismus geht also so weit, dass selbst die Existenz einer Heimat in Kauf genommen wird. Die Welt selbst ist quasi das Wohnzimmer des Minimalisten, der Konsum und Besitz lediglich zum Überleben braucht.

Man muss schon die passenden Charaktereigenschaften, wie Neugierde, Spontanität und Abenteuerlust haben, um ständig neue Menschen und neue Orte kennen zu lernen. Hat man sich für diese Reise aber erst einmal entschieden, kehrt man mit unvergesslichen Erinnerungen eines Tages wieder zurück.

Hierbei handelt es sich wie gesagt nur um Typisierungen: eventuell hast du dich wiedererkannt oder dich mit einem Typ identifiziert. Eventuell ist dir auch aufgefallen, dass in dir womöglich mehrere Typen stecken könnten. Hierbei geht es auch nicht darum, trennscharfe Kategorien zu finden.

Diese Formen und Arten können als Veranschaulichung verstanden werden und vielleicht dienen sie ja auch deiner Inspiration. Letztlich geht es darum, das richtige Maß an Minimalismus für sich selbst zu finden, ohne die Freuden des Lebens einzubüßen. Denn schließlich geht es nicht darum, auf etwas Unverzichtbares zu verzichten, oder sich selbst zu bestrafen.

Es geht darum, das Motto „*weniger ist mehr*“ auf sinnvolle und individuell richtige Art und Weise in die Tat umzusetzen.

Vorteile durch Minimalismus

Natürlich kann es keine pauschalen Vorteile geben, die sich durch Minimalismus einstellen, denn dafür ist es natürlich wieder maßgeblich, welche Form bzw. Art von Minimalismus du verfolgst und wie du dein Leben letzten Endes lebst.

Generell können aber folgende Vorteile ausgemacht werden, solltest du dich diesem Lebensstil verschreiben.

Mehr Geld im Geldbeutel

Abhängig davon, für welchen Lebensstil und für welches Leben du dich entscheidest, wird dein Geldbeutel von der Entscheidung profitieren. Vielleicht wird es dir gar nicht so bewusstwerden, denn Geld spielt wohl ohnehin eine weniger bedeutende Rolle, wenn es in deinem Leben eher um immaterielle statt um materielle Güter geht.

Du gibst vielleicht nur Geld für die wirklich wichtigen Dinge aus, häufst weniger Schulden an und hast eventuell auf ein teures Auto oder eine große Wohnung verzichtet.

Dadurch reduziert sich automatisch die Miete und weitere Ausgaben fallen ganz weg. Eine KFZ-Versicherung musst du ohne Auto natürlich nicht mehr entrichten.

Benzinkosten kommen ebenfalls nicht mehr auf dich zu. Eine finanzielle Ersparnis hat man wohl fast immer, wenn man einen minimalistischen Lebensweg einschlägt.

Glücksgefühle

Glück im Leben ist teilweise auch Sache der Einstellung. Und dann gibt es natürlich auch Faktoren, die nicht berechnet werden können, letzten Endes dann aber dafür verantwortlich sind, ob wir glücklich leben können oder nicht. Mit einem minimalistischen Lebensstil sind die Chancen allerdings gegeben und durchaus gut, dass wir bzw. dass du glücklicher leben kannst.

Das liegt ganz einfach daran, dass dein Leben befreiter wird. Du wirst von vielen unnötigen Dingen und Ballast befreit und hast nun eher die Chance, wieder das Gesamtbild zu sehen. Besitztümer bringen Verantwortung mit sich. Je mehr man besitzt, desto mehr kann man auch verlieren.

Und desto mehr kann auch die Angst steigen, etwas zu verlieren. Hat man sich von unnötigen Dingen aber erst einmal freigemacht, wird man sehen, dass man gar nicht so viel braucht, um wirklich glücklich zu sein.

Der Blick für die wirklich wichtigen Dinge im Leben wird geschärft. Erinnerungen und Erlebnisse werden wichtiger und es geht mehr um die Freiheiten und die Menschen deines Lebens, weniger um Stress und Verpflichtungen.

Dankbarkeit

Du wirst mitunter weniger Dinge besitzen, doch deine Dankbarkeit wird sich steigern. Denn indem du dich auf die wesentlichen Dinge reduzierst, fällt dir automatisch auf, was dir in deinem Leben wichtig ist. Dein Leben und Alltag wird nicht mehr von Millionen Dingen und Gewohnheiten kontrolliert.

Du erhältst den Überblick über dein Leben zurück, kannst Momente bewusster genießen und bist so in der Lage, dankbarer zu sein. Dankbar für alles, was du besitzt und vor allem auch für das, was du nicht *„besitzt“*: Menschen, die dir viel bedeuten. Gesundheit, Glück, schöne Momente, das Leben im Allgemeinen. Schließlich ist im Leben irgendwie alles nur geliehen.

Umzüge / Reisen

Von einem minimalistischen Lebensstil wirst du auch dann profitieren, wenn Reisen anstehen oder Umzüge kurz bevorstehen. Denn dann werden Entscheidungen und Entscheidungswege deutlich kürzer werden.

Was muss ich mitnehmen?

Wie viele Koffer brauche ich?

Wir bringe ich alles irgendwie unter?

Fragen, die leichter beantwortet werden können, wenn man weniger besitzt. So kann man schon weniger vergessen.

Zeitersparnis

Was ist das Wichtigste im Leben? Es ist wohl definitiv nicht Konsum und Besitz und das wird man spätestens merken, wenn man einen minimalistischen Lebens-stil an den Tag legt. Was das Wichtigste ist, ist streitbar, doch Zeit gehört definitiv dazu. Unabhängig von der Art der Panikat-tacke wird man als Minimalist quasi immer irgendwie und irgendwo Zeit sparen.

Denn das Leben ist strukturierter und aufgeräumter, wenn man es minimalistisch bestreitet und durch das beseitigte Chaos wirst du Zeit sparen, wenn all der unnötige Ballast beispielsweise erst einmal aus deiner Wohnung verschwunden ist.

Besonders Frauen werden es vielleicht kennen oder sollten es annehmen, darüber nachzudenken, den eigenen Kleiderschrank auszumisten. Hat man sich von den entsprechenden Teilen erst einmal gelöst, wird die Suche am Morgen oder Abend viel schneller gelingen.

Man wird sich den Dingen so auch bewusster, wenn Teile aus dem Schrank fallen, die doch eigentlich zu groß, zu klein, zu gewagt waren oder mit einer bestimmten Erinnerung verknüpft werden. Letzten Endes spart man nicht nur Zeit, man gewinnt sie auch. Sie kann für etwas Sinnvolles genutzt werden. Möglichkeiten gibt es schließlich genug.

Gesundheit

Die Chancen stehen ebenfalls gut, dass ein minimalistischer Lebensstil zu einem gesünderen Leben verhelfen kann. Schließlich hat man ja bereits Zeit, Platz und Energie gespart. Man lebt glücklicher und hat mehr Zeit für die wichtigen Dinge des Lebens.

Das wirkt sich natürlich auch positiv auf die eigene Gesundheit aus. Weniger Stress, mehr Struktur und letzten Endes mehr Gesundheit. Besonders gut klappt das mit der Gesundheit natürlich, wenn du den Minimalismus auf deine Ernährung anwendest und dein Geld beispielsweise für Bio- oder Fair-Trade-Produkte investierst, allgemein vielleicht kleinere Mengen einkaufst und auch weniger, dafür aber gesünder isst.

Minimalismus und Kreativität

Eine spannende Frage ist es auch, inwiefern ein Verhältnis zwischen Minimalismus und Kreativität besteht.

Es gibt natürlich Menschen, die nicht minimalistisch leben, die ihren Konsum und das schnelllebige Leben von heute angemessen managen und „*trotzdem*", vielleicht manchmal auch gerade deswegen kreativ sind. Minimalismus ist also keine zwingende Bedingung für ein kreatives Leben.

Doch lässt sich der kreative Prozess in drei Phasen unterteilen. Zunächst steht man vor einer Herausforderung oder vor einem Problem und ist dazu gezwungen, es zu analysieren. Man sucht nach Inspirationen und nach Motivation, um das Problem zu lösen. Im Zuge der nächsten Phase, Inkubation, geht es darum, das Problem loszulassen.

Das Bewusstsein lässt also ab und das Unterbewusstsein beschäftigt sich mit dem Problem. Bei der Illumination kommt uns schließlich ein entscheidender Gedanke, der zur Lösung des Problems beiträgt. Minimalismus kann Kreativität fördern, da man vorsätzlich einen „*Mangel*" herstellt, der schlussendlich aber nicht als solcher wahrgenommen wird. Indem man sich von vielen Dingen freimacht, wird der Blick auf das Wesentliche geschärft.

Die Frage: „*Wie könnte es mir bessergehen?*" ist eine Frage, die eine kreative Antwort fordert und fördert. Geht man also puristisch oder asketisch an ein Problem oder an eine Herausforderung heran, kann dies zu Lösungsansätzen quasi *zwingen*. Natürlich können sich langfristig noch mehr Vorteile durch deinen Lebensstil ergeben. Auch das hängt wieder davon ab, was du letzten Endes aus deinem Leben machst.

Beispielsweise kann sich deine Laune verbessern, ebenso wie deine Schlafqualität. Wer beispielsweise auf das Auto verzichtet, wird abends automatisch früher müde sein und kann besser und schneller einschlafen. Durch den Aufenthalt in der frischen Luft wird zusätzlich das Immunsystem verbessert.

Die Haut kann besser werden und durch die Ernährung steigt schließlich auch die Konzentration. Das eigene Leben kann bewusster werden. Der eigene Urlaub führt vielleicht nicht mehr zum letzten Winkel der Erde, sondern ganz in die Umgebung. Schließlich ist es häufig erstaunlich, wie wenig bzw. schlecht man eigentlich seine eigene Heimat kennt. Die eigene Gelassenheit steigt und dadurch, dass man vielleicht nicht mehr das Beste und neuste Smart Phone besitzen muss oder ständig mit dem Handy kommuniziert, wird auch das soziale Miteinander verbessert.

Aus dem minimalistischen Lebensstil ergeben sich also verschiedene Vorteile und

Multiplikatoreneffekte, denn irgendwie hat ein solcher Lebensstil Einfluss auf sämtliche Lebensbereiche.

4 Methoden für den Alltag

1. Aller Anfang ist schwer

Hier geht es darum, dein Bewusstsein für die Dinge und Konsum generell zu verändern. Sicher besitzt du Dinge, die du besonders magst und schätzt und von denen du vielleicht glaubst, dass du dich nie von ihnen trennen können wirst.

Durch diesen Schritt wirst du lernen und erfahren, dass das sehr wohl der Fall ist. Wähle eines deiner liebsten Konsumgüter aus und trenne dich davon! Du sollst bzw. musst es nicht wegwerfen. Es reicht, es zunächst zu verleihen oder vielleicht zu verschenken.

Diese Erfahrung mag zunächst schwierig für dich sein, doch mit der Weile wirst du lernen, dass du viele Dinge, die du für unersetzlich hältst, in deinem Leben gar nicht benötigst. Allgemein kann es eine empfehlenswerte Erfahrung sein, wenn man sieht, wie viel Materielles für ein glückliches und zufriedenes Leben gar nicht gebraucht wird.

Diese Erfahrung wird es dir zudem leichter machen, dich künftig von Dingen zu trennen, um besser und einfacher loszulassen.

2. Die Konmari-Methode

Hier geht es darum, eine minimalistische Methode zu befolgen, die von Marie Kondo ins Leben gerufen wurde. Sie ist Lifestyle-Expertin und hat eine Methode entwickelt, die das Leben nachhaltig verändern kann:

es geht darum, nur die Dinge zu behalten, die einen wirklich glücklich machen.

Zunächst einmal geht es darum, sämtliche Dinge zu sortieren und sich dabei zu fragen: weckt dieser Gegenstand positive Gefühle bei mir aus? Macht mich dieser Gegenstand zufrieden? Dabei kann es sich um Kleidung, aber beispielsweise auch um Bücher handeln.

Wenn die Antwort auf die besagten Fragen „**Ja**“ ist, behalte die Dinge. Trenne dich von ihnen, wenn die Antwort „**Nein**“ ist. So gehst du Kategorie für Kategorie durch, um dich von bestimmten Dingen zu trennen.

Letzten Endes werden sich in deiner Wohnung nur noch Dinge befinden, die dir Freude bereiten. Schließlich war das ursprünglich der Grund, warum du dich für die Anschaffung von Dingen entschieden hast.

3. Die Korbmethode

Eine weitere Methode, um Minimalismus im Alltag anzuwenden, nennt man Korbmethode. Diese Methode ist mit Shopping vergleichbar – allerdings in eine andere Richtung. Es geht darum, durch die Wohnung zu gehen und die Sachen „*auszufiltern*“ und in einen Korb, Behälter bzw. in eine Kiste zu befördern, die in deiner Wohnung nur Platz wegnehmen, dich stören, oder die dir nicht gefallen.

Du kannst in einem Zimmer deiner Wohnung beginnen und dich langsam durch die restlichen Zimmer arbeiten. Du kannst diese Methode täglich für eine Woche anwenden. Schnell werden sich eine Menge Dinge finden, die du in deiner Wohnung nicht haben willst. Solange dein Korb etc. noch nicht voll ist, kannst du weiter ausmisten und dieses Spiel beliebig oft wiederholen.

4. Die Kartonmethode

Eine ähnliche Methode, um Minimalismus in den eigenen Alltag zu integrieren, liefert die **Kartonmethode**. Dabei geht es darum, sämtliche Gegenstände, die sich in deiner Wohnung befinden, in Umzugskartons zu packen.

Natürlich ist es dafür erforderlich, dass du die nötigen Kartons im Vorfeld besitzt. Nun lebst du für einige Zeit „*aus dem Karton*". Die Gegenstände, die du häufiger brauchst, kannst du zurück an ihren alten Platz bzw. in das Regal stellen.

Schnell wirst du feststellen, wie viele Gegenstände und Dinge man eigentlich gar nicht braucht und nur unnötig Platz verschwenden.

Falls du Dinge dauerhaft loswerden willst, gibt es dafür natürlich entsprechende Flohmärkte und auch Angebote im Internet, wie beispielsweise Ebay-Kleinanzeigen. So kannst du dir nebenher etwas dazu verdienen und machst anderen Menschen eine Freude. Wichtig ist es auch, diese minimalistische Note langfristig beizubehalten.

Damit das gelingen kann, sollte man sich beispielsweise angewöhnen, Dinge nicht ständig neu zu kaufen oder kaputte Dinge bedingungslos zu ersetzen. Alternativ hilft es, sich Gegenstände von Freunden oder Nachbarn zu leihen, beispielsweise Kleider reparieren zu lassen. Lobenswert ist es natürlich auch, Dinge an soziale Einrichtungen zu spenden bzw. Gegenstände zu verschenken.

„Fange an, diesen Moment zu leben und du wirst sehen - je mehr du lebst, desto weniger Probleme wird es geben“ **(Osho)**

10 Tipps, für ein minimalistisches Leben

Methoden für den Alltag hast du nun bereits kennen gelernt. Dabei gibt es auch weitere Dinge, die ein minimalistisches Leben in der Praxis fördern können.

Schließlich klingt es in der Theorie leicht, sich von Dingen zu trennen oder sein Leben auf das Wesentliche zu reduzieren. Doch wie lässt sich dieses Vorhaben in die Tat umsetzen?

„Keine Werbung“ auf dem Briefkasten

Du wirst die Situation eventuell kennen: fast täglich befinden sich haufenweise Prospekte in deinem Briefkasten, die dich größtenteils nur nerven und den Platz im Briefkasten wegnehmen. Schluss damit!

Ein minimalistischer Ansatz kann schon darin bestehen, diese unnötige Werbung und den anfallenden Müll zu vermeiden, indem ein entsprechender Aufkleber auf dem Briefkasten angebracht wird, der klar macht, dass solche Werbung unerwünscht ist. Du wirst dir Nerven sparen und hast zugleich noch etwas für die Umwelt getan!

Meditation

Minimalismus kann natürlich auch bedeuten, sich mehr mit sich selbst zu befassen, seine innere Mitte zu suchen und schließlich auch zu finden. Dafür bietet sich Meditation an. Wie lange und wo du das machst, kannst du frei entscheiden.

Inzwischen gibt es diverse Apps, die dir Anregungen geben. Ansonsten kannst du dich auch für Kurse anmelden, die zu deiner Entspannung und inneren Balance beitragen können.

Fokus auf die Natur

Der Mensch entfernt sich immer mehr von der Natur. „Weniger ist mehr“ lautet ein Motto im Zusammenhang mit Minimalismus und so schärft es die Sinne und das

Bewusstsein, sich wieder mehr mit der Natur zu verbinden.

Auch so wird man lernen, dass man all die Computer und **Smart Phones**, all die moderne Technik nicht benötigt, um zufrieden und glücklich zu sein. Manchmal reicht es, sich mit etwas Natürlichem zu verbinden, um das Wesentliche zu erkennen und zu sehen.

Unwichtige Termine absagen / Nein sagen

Sollte es in deinem Terminkalender unwichtige Termine geben bzw. Termine, die dich belasten und die unnötig sind, wenn du genauer darüber nachdenkst, so ist nun die Chance, um minimalistisch zu sein, um **Nein** zu sagen. Denn im Leben kann es auch wichtig sein, das Bewusstsein zu schärfen, um herauszufinden, dass **Nein** sagen manchmal sehr wichtig sein kann. Reduziere deine Zeit auf das Wesentliche und verschwende die Zeit nicht, denn sie ist kostbar.

Weniger Social Media

Der Inhalt, der Stress, die Tücken, die Masse an Informationen: wir alle benutzen soziale Netzwerke und haben uns den sozialen Medien verschrieben, doch, wenn wir genauer darüber nachdenken, wird uns auffallen, dass sie uns doch eigentlich auch nerven.

Daher solltest du darüber nachdenken, deine Zeit in den sozialen Netzwerken zu reduzieren. Häufig ist es die pure Langeweile, die uns in die virtuelle Welt treibt. Sonst kann es die Sucht nach angeblichen Glücksgefühlen, nach „*Likes*“ sein. All das sind schlechte Motive, die dazu führen, dass wir Zeit sinnlos verlieren.

„Sauberer" PC-Desktop

Viele arbeiten heute nicht mehr an ihrem Schreibtisch im Zimmer. Der Schreibtisch befindet sich heutzutage oft auf dem Computer. Daher ist es auch manchmal sinnvoller, den PC-Desktop aufzuräumen, denn hier spielt sich unser Alltag häufig ab.

Es haben sich mitunter etliche Dokumente oder Bilder angehäuft, die wir nicht brauchen oder die schon bearbeitet worden sind. Es tut gut, einen Überblick zu bewahren bzw. sich einen Überblick zu verschaffen und daher ist es auch eine sinnvolle minimalistische Methode, für Ordnung und Struktur am Arbeitsplatz zu sorgen.

Kein Internet!

Solltest du allerdings nicht regelmäßig auf deinen PC angewiesen sein, dann kannst du dich gut und gerne auch mal dafür entscheiden, auf das World Wide Web zu verzichten. Denn dann wirst du die *„reale Welt“* wieder mehr schätzen und dich mehr auf das fokussieren, was wirklich zählt.

Oft bewegen wir uns im Internet, lesen unsere Nachrichten und checken die News, weil wir das Gefühl haben, dass wir sonst etwas verpassen. Ein bisschen Verzicht schadet nicht und wir werden feststellen, dass sich die Erde auch ohne ein paar Tage Internet weiterdrehen wird.

Fernseher

Ähnlich mit dem Computer bzw. Internet kann es sich natürlich auch mit dem Fernsehen verhalten. Das Fernsehen von heute schürt entweder Ängste oder dient nur noch einer Unterhaltung, die man auch Verblödung nennen könnte. Entscheide dich daher bewusst, auf Fernsehen zu verzichten.

Du wirst merken, dass du es vielleicht gar nicht mehr brauchst und kannst dich vielleicht sogar von deinem Gerät trennen.

Freunde

Freunde sind ein elementarer Teil des eigenen Lebens. Durch unsere Pflichten von heute und durch die sozialen Medien hat sich unsere Kommunikation grundlegend verändert. Doch haben wir wirklich etwas von unseren Freunden, wenn wir „*nur*" mit ihnen schreiben?

Minimalistisch kann es auch sein, sich auf das Wesentliche zu besinnen, zu seinen

Wurzeln zurückzukehren. Das kann geschehen, indem man vermehrt Freunde wiedersieht oder sich wieder mehr der eigenen Familie widmet.

Entscheidungen

Indem man sich also durch den angesprochenen minimalistischen Lebensstil auf das Wesentliche reduziert, werden auch die eigenen Entscheidungen davon beeinflusst. Häufig sind wir uns nicht sicher, wie wir uns entscheiden sollen und wählen eine Art Alibi-Entscheidung, indem wir **Jein** sagen. Doch wichtig ist es im Leben auch, klar Stellung zu beziehen, Haltung zu zeigen und mutige Entscheidungen zu treffen, zu denen man dann auch steht.

Nachteile eines minimalistischen Lebensstils

Natürlich wäre es scheinheilig, wenn man im Zusammenhang mit Minimalismus nur von Vorteilen sprechen und ausklammern würde, dass es durchaus auch einige Nachteile geben kann, wenn man sich diesem Lebensstil verschreibt. Damit du dich eventuell vorher darauf einstellen kannst, verrät dir die folgende Liste, was eventuell auf dich zukommen kann.

Dabei ist anzumerken, dass dich die folgenden Nachteile bzw. Schattenseiten eines minimalistischen Lebensstils beeinflussen können, aber nicht müssen.

Letzten Endes hängt es auch davon ab, wie man als Individuum mit dem Thema Minimalismus umgeht, wie man es auslebt und wie schwer einem die Umstellung fällt. Schließlich haben manche Menschen schon natürlich mehr Probleme, sich von Dingen zu trennen, während es anderen vielleicht leichter fällt.

1. Mehr Zeit - wofür?

Je nachdem, welcher Typ Minimalist du sein wirst, oder welche Veränderungen du angestrebt hast, kann als Resultat des Ganzen stehen, dass du mehr Zeit hast. Für viele Menschen ist das ein echter Gewinn. Sie wissen sofort, für welche Hobbies oder Dinge sie ihre Zeit investieren können.

Doch das muss nicht allen Menschen so gehen. Denn hat man sich erst einmal an einen bestimmten Ablauf gewöhnt, kann es anfangs ziemlich überfordernd sein, wenn man mit einem Mehr an Zeit konfrontiert wird. So muss man erst einmal lernen damit umzugehen, dass einem mehr Zeit zur Verfügung steht.

Damit die gewonnene Lebenszeit nicht in Langeweile umschlägt, muss man sich anfangs vielleicht zunächst etwas orientieren und Dinge ausprobieren, ehe man weiß, wie man die gewonnene Zeit optimal nutzt. Es erscheint zwar kontraproduktiv, aber wenn du die Luft zum Atmen wiedergefunden hast, kann sie dich anfangs noch überfordern. Lass dich davon nicht verunsichern!

2. Eine leere Wohnung

Solltest du den Rat befolgt und deine Wohnung entrümpelt haben, so könnte deine Wohnung nun ziemlich leer aussehen.

Schließlich hast du dich von allem getrennt, das dich nicht glücklich oder zufrieden macht, das du eh nicht brauchst und das so gesehen auch keinen Wert für dich hat. Unter Umständen kann sich das auf die Attraktivität deiner Wohnung auswirken.

Mitunter schränkt es sogar deine Kreativität ein, weil dir deine Wohnung nun so leer, steril oder perfekt vorkommt. Zunächst einmal ist es natürlich auch eine Herausforderung, sich nicht von zu vielen Dingen zu trennen.

Schließlich geht es nicht um eine Bestrafung oder um eine zwanghafte Handlung. Zwar solltest du lernen, dich von unnützen Dingen zu trennen, doch gehört dazu auch die Weisheit, um zu erkennen, was wirklich gebraucht wird und was nicht. Wichtig ist es auch, dass man den Weg zum Minimalismus als einen Prozess ansieht.

Wer seine Wohnung langsam entrümpelt, wird sich besser an die Veränderungen gewöhnen können. Es wird also nicht verlangt, von heute auf morgen auf Sämtliches zu verzichten.

3. *„Zu viel des Guten"* - Fanatismus und Geiz

Wie eben angesprochen geht es nicht um Bestrafung oder einen Lebensstil, der einem Mangel an etwas gleicht. Wie bei allen anderen Dingen des Lebens gilt es natürlich auch beim Minimalismus, es nicht zu übertreiben.

Würde man einen übertriebenen minimalistischen Lebensstil an den Tag legen, wäre es vermutlich schon nicht mehr minimalistisch.

Du solltest also darauf achten, dass du dich nicht allzu sehr mit minimalistischen Gedanken identifizierst, die deinen Charakter insofern verändern, als dass du fast schon fanatisch und geizig wirst. Natürlich gehört zum Minimalismus ein Entscheidungsprozess, der sich darum dreht, welche Dinge einem wirklich etwas nützen und welche nicht. Es ist aber auch nicht gesund, besonders geizig durch das Leben zu gehen und sein Naturell zu verändern, indem man in einen Fanatismus hineingerät, der alles andere als gesund ist. Auf dem Boden deiner Wohnung ohne sämtliche Möbel solltest du am Ende also nicht sitzen. Zu viele Einschränkungen sorgen nämlich nicht für eine Bereicherung, sondern engen einen eher ein.

4. Der Umgang mit Menschen

Zwar lebst du einen minimalistischen Lebensstil in erster Linie für dich, denn schließlich geht es um dein Leben und deine Ideale. Doch zwangsläufig kann es sein, dass du früher oder später mit Menschen konfrontiert wirst, die eine andere Einstellung an den Tag legen.

Mit Sicherheit kennst du den einen oder anderen „*Konsum-Freak*“ in deinem Umfeld, der vielleicht gar nicht minimalistisch leben könnte, weil er meint, seine Konsumgüter zu sehr zu „lieben“. Es können Freunde sein, die bei dir zu Besuch sind und sich wundern, wie du lebst. Es können Partner bzw. Partnerinnen sein, die sich vielleicht nicht bei dir wohl fühlen oder deine Einstellung nicht nachvollziehen können.

Auch Konflikte in der Familie sind möglich. Welche Geschenke schenkt man einem **Minimalisten** zum Geburtstag oder zu Weihnachten? Wer mutig ist und eine Entscheidung trifft, kann zwangsläufig mit anderen Menschen anecken. Einerseits ist es wichtig, zu seinen Werten zu stehen, ohne seinen Charakter oder seine Authentizität zu verstehen.

Wer von den Menschen in seinem Umfeld geliebt wird, sollte ihnen auch klarmachen können, was für diesen Wandel gesorgt hat. Schließlich sollten es geliebte Menschen nur nachvollziehen können, was und warum du etwas tust. Sie müssen es ja nicht selbst ausprobieren, wobei das natürlich möglich wäre.

5. Richtig und falsch - ein Lernprozess

Fehler gehören zum Leben immer mit dazu und das trifft auch auf Minimalisten zu.

Schließlich kann man nicht erwarten, dass man den „*neuen Lebensstil*" von Anfang an verinnerlicht hat und sich auch von Anfang an wohl damit fühlt. Schließlich kann es sich um eine ziemliche Umstellung handeln, je nachdem, welche Veränderungen man genau anstrebt.

Angenommen, du hast dich von einem bestimmten Gegenstand verabschiedet. Du vermisst ihn vielleicht nicht, doch dann tritt eine bestimmte Situation ein, in der du den Gegenstand wieder unbedingt benötigst.

Generell kann es natürlich sein, dass du dich von den „*falschen Dingen*" trennst, schließlich ist es auch schwierig, das Leben nachhaltig zu planen und vorauszuschauen, um zu wissen, wann und ob man etwas benötigt, oder nicht.

Dies solltest du wissen und berücksichtigen, wenn du vielleicht noch in der Anfangsphase der Veränderung steckst. Fehler gehören zum Leben dazu und Dinge doch nachzukaufen, sie auszuleihen und sich einzugestehen, dass Minimalismus doch nicht so einfach ist, wie man dachte, grenzt sicher nicht an einen Weltuntergang.

6. Hoher Aufwand

Gerade im Anfang ist zudem ein hoher Aufwand nötig, um geplante Veränderungen in die Tat umzusetzen. Das steht auch im Zusammenhang mit den angesprochenen Fehlern und Entscheidungen.

Gerade wer sich ungern entscheidet, wird anfangs vielleicht Probleme damit haben, doch langfristig kann er so auch die

Chance erhalten, sicherer bei solchen Entscheidungen zu werden.

„Können diese Kleider weg?“

„Brauche ich diese Schränke noch?“

„Brauche ich wirklich so viele Tassen?“

Es können viele Fragen auf einen zukommen und damit einhergehen natürlich eine Menge Entscheidungen. Ein gewisser zeitlicher Aufwand muss also eingeplant werden, inklusive der entsprechenden **mentalen Arbeit**, schließlich gehört Grübeln und Abwägen zu solchen Entscheidungen mit dazu.

7. Disziplin

Viele Sportler sagen, dass es nicht das Schwerste ist, zum ersten Mal eine Meisterschaft zu gewinnen oder besonders erfolgreich zu sein. Das Schwerste besteht darin, dies nochmal zu schaffen, um eine großartige Leistung zu bestätigen.

Ähnlich sieht es auch beim Minimalismus aus. Vielleicht ist es einfach, eine erste Änderung umzusetzen, weil man gerade Lust dazu hat. Du hast das Gefühl, neu anfangen zu wollen und dein Leben zu verbessern?

Das ist auf jeden Fall eine gute Grundlage für einen ersten Anfang. Doch auf Dauer ist eine Menge Disziplin vonnöten, um nicht „*rückfällig*" zu werden. Denn je nachdem, wofür du dich entscheidest, solltest du diese Entscheidung auch bedingungslos fällen und durchziehen. **Heißt**: hier geht es auch um charakterliche Qualitäten und eventuell um einen Lernprozess. Schließlich willst du ja nicht bei der erstbesten Rabattaktion im nächsten Markt schwach bzw. „*rückfällig*" werden, oder?

Warum fällt es vielen so schwer, sich zu trennen?

Du hast nun also einen kleinen Querschnitt von dem erfahren, was auf dich zukommen könnte. Schließlich gibt es bei allen Dingen des Lebens Kehrseiten einer Medaille. Das sollte dich jedoch nicht von etwas abschrecken oder abhalten. Generell kann es für Menschen ein schwieriges Thema sein, wenn es darum geht, sich von Dingen zu trennen.

Eventuell geht es dir bei deiner minimalistischen Lebensweise auch um dich selbst, denn schließlich handelt es sich um ein Training für den gesamten Charakter. Der eine oder andere kann und wird eventuell an seine Grenzen stoßen, wenn es plötzlich darum geht, auf Konsumgüter zu verzichten. Dafür kann es verschiedene Gründe geben.

1. Schuldgefühle

Mit Sicherheit besitzt du etwas, das dir geschenkt wurde. Von einer Person, die dir entweder viel bedeutet, vielleicht auch viel bedeutet hat. Der Gegenstand an sich gefällt dir nicht, doch du hast Probleme dich davon zu trennen, weil du deine Schuldgefühle klar spürst.

Du hast das Gefühl, du würdest der Person in den Rücken fallen oder sie irgendwie mit „*wegwerfen*", wenn du dich von diesem Stück trennst. Du bist es nicht gewohnt und hast es auch nicht gelernt, zu geschenkten Dingen „**Nein**" zu sagen. Das ist auch kein Wunder: wer beschwert sich schließlich über ein Geschenk oder gibt offen zu, dass ihm etwas nicht gefällt?

Schließlich handelt es sich um die Geste eines anderen Menschen. Doch letzten Endes sollte es bei Besitztümern um die Frage gehen: *was brauche ich? Was will ich?* Kein Familienmitglied, kein Freund, keine Freundin kann so geizig oder zickig sein, dass sie es wirklich kritisiert, wenn du dich von einem bestimmten Gegenstand trennst. Schließlich geht es um deine Wohnung, um dein Wohlbefinden.

Der bestimmte Freund, oder die bestimmte Person wird es normalerweise auch bevorzugen, wenn es dir gut geht. Und vielleicht handelte es sich bei jenem Geschenk auch nur um einen „*Notkauf*" - wer weiß? Schuldgefühle sind jedenfalls schlechte Begleiter beim Ausmisten.

2. Emotionaler Zusammenhang

Mit vielen Dingen in deiner Wohnung verbindest du vielleicht etwas Persönliches, siehst einen emotionalen Zusammenhang, erinnerst dich an etwas Bestimmtes aus deinem Leben. Es ist nicht notwendig, dass du dich zwangsläufig von solchen Dingen trennst.

Doch alternativ könntest du einen anderen Trick ausprobieren bzw. Rat befolgen: stelle all die Dinge, zu denen du eine emotionale Beziehung hegst, auf einen gesonderten Platz. Nach einer Weile, beispielsweise ein oder zwei Wochen, kontrollierst du, wie oft du diese Dinge „*angeschaut*“, an sie gedacht etc. hast.

So wirst du vielleicht merken, dass dir diese Dinge gar nicht so wichtig sind, wie du dachtest und dass beispielsweise doch

„*nur*“ Schuldgefühle vorlagen und du dich deshalb nicht von etwas getrennt hast. Solltest du beispielsweise ein Sammler sein, könntest du irgendwann dazu übergehen, etwas Neues nur dann zu erwerben, wenn du dich von einem anderen Sammlerstück trennst.

3. „*Eines Tages*“ ...

Das Argument von sparsamen Leuten kann so aussehen, dass sie sagen, sie würden einen bestimmten Gegenstand „*später*“ bestimmt nochmal brauchen. Dabei kann es sich um eine Ausrede handeln.

Du kannst dich ganz einfach kontrollieren, indem du dir überlegst, wann du etwas wirklich zum letzten Mal benutzt hast und ob es damit wirklich so wichtig sein kann, wie du sagst. In die Zukunft gerichtet kannst du ein bestimmtes Datum wählen.

Solltest du den bestimmten Gegenstand bis zu diesem Datum nicht benutzt haben, kannst du die Aussage „*eines Tages werde ich ... brauchen*“ relativieren und Ballast abwerfen.

4. Der Preis

Du willst dich nicht von etwas trennen, weil es sehr teuer war? Ein verständliches Kriterium, das jeder irgendwie nachvollziehen kann. Schließlich ist es schwer und unangenehm, sich einzugestehen, dass ein nicht niedriger Betrag X sich als Fehlinvestition entpuppt hat.

Letzten Endes geht es bei den Gegenständen in deiner Wohnung aber nur darum, welchen Wert die Dinge für dich persönlich haben. Der Wert von Dingen misst sich nicht oder nur bedingt an den Preisen.

Mit Sicherheit hast du vielleicht manche Gegenstände, die sehr billig oder kostenlos waren, die aber dennoch einen hohen Wert für dich besitzen. Fälle also Entscheidungen nach dem Credo: „*Was ist es mir wert*?“ und lass dich weniger von materiellen Kriterien aufhalten.

5. Geldanlage

Ähnlich sieht es aus, wenn du Dinge und Gegenstände besitzt, weil du behauptest, wie wären eine perfekte Geldanlage. Vielleicht bringen sie dir also jetzt kein Geld, doch in Zukunft kannst du von etwas profitieren.

Auch hier gilt das Credo: „*orientiere dich am aktuellen Wert der Dinge, nicht am einem fiktiven potenziellen Wert in der Zukunft*“. Eventuell gibt es Liebhaber eines gewissen Gegenstandes, die jetzt schon ihre Freude an etwas haben und nicht erst in 10 oder 20 Jahren. Außerdem bringen Geldanlagen einige Probleme mit sich.

Denn sicher sein kann man sich nie, dass ein gewisser Wert in Zukunft tatsächlich erreicht wird. Wir alle wissen, wie es mit dem Wert von Gold oder Öl aussieht und wie schwankend und inkonsistent deren Wert sein kann.

6. Statussymbol

Ich möchte dir nicht unterstellen, dass du ein Angeber bist. Und das muss man auch nicht zwangsläufig sein. Dennoch kann man Gegenstände besitzen, die dem eigenen Prestige dienen. Menschen, die in das Zimmer kommen, sollen sehen, dass man etwas bestimmtes Wertvolles besitzt.

Vielleicht sollen bestimmte Pokale auch dazu dienen, das eigene Image und Selbstwertgefühl aufzubessern. Hier lässt sich nicht nur minimalistisch, sondern auch psychologisch argumentieren: du solltest lernen und verstehen, dass Dinge niemals deinen persönlichen Wert erhöhen können. Dieser Wert ist schon immer vorhanden, egal wie viele Pokale in deinem Zimmer stehen.

Hast du das erst mal verstanden, kannst du dich von Dingen trennen, die als „*Selbstersatz*“ fungieren oder fungiert haben.

Es kann noch weitere Motive geben, warum sich Menschen schwer von Dingen lösen können. Schließlich geht es darum, Risiken einzugehen. Dabei solltest du dir allerdings vor Augen führen, wie hoch das bestimmte Risiko wirklich ist und was das Schlimmste ist, das passieren könnte.

Das wird deine Ängste, Fehler zu machen, in der Regel reduzieren. Manchmal wirst du mit schmerzhaften Erinnerungen konfrontiert, wenn es um bestimmte Gegenstände geht. Auch dann ist es besonders ratsam, loszulassen und mit der Vergangenheit abzuschließen.

In diesem Fall geht es nämlich gar nicht mehr um die Gegenstände, sondern um das, was man damit verbindet. An diesen Punkten kannst du dich orientieren, bevor oder während du im Prozess des Ausmistens steckst. So wird sich deine Kompassnadel nicht verlieren und du wirst auf deiner minimalistischen Route nicht unnötig aufgehalten.

Bei dieser Thematik kann übrigens auch der so genannte **Besitztumseffekt** bzw. **Endowment-Effekt** eine tragende Rolle spielen. Demnach bewerten wir Dinge auf eine übermäßige und übertriebene Art und Weise, sobald wir sie besitzen. Ein Weinliebhaber hat eine Flasche beispielsweise günstig erworben und bekommt einige Jahre später ein verlockendes Angebot.

Er könnte schon deshalb ablehnen, weil der Besitz an sich für ihn einen Wert hat, ohne an die nackten Zahlen zu denken. Dieser Effekt kann sich sogar auf menschliche Beziehungen auswirken. *„Hast du eine Freundin, weil du sie liebst, oder liebst* *du sie, weil du sie hast?*", so die entsprechende Frage nach Ivo Bischoff.

„Jeder Mensch ist der Architekt seiner eigenen Zukunft" (**Sallust)**

Beispiel: Ein minimalistischer Tag

Vielleicht kannst du dir immer noch nicht vorstellen, wie Minimalismus deinen Alltag bereichern kann oder wie ein Tag deines Lebens aussieht, wenn du dich dem Minimalismus gewidmet hast. In diesem Fall erhältst du hier eine weitere Anregung und Ideen für den Alltag.

Minimalismus kann zunächst deinen Schlaf betreffen: Du kannst eine Stunde deines Schlafes entbehren bzw. eine Stunde früher ins Bett gehen, um deinen Morgen neu, anders, besser zu gestalten.

Lasse dich beispielsweise nicht mehr von deinem Handy, sondern von einem Wecker wecken. Beginne deinen Morgen nicht damit, die neusten **Facebook-Meldungen** und Nachrichten zu checken. Nimm dir stattdessen bewusst Zeit, um ein reichhaltiges Frühstück zu dir zu nehmen. Schlürfe deinen Kaffee oder Tee nicht wie sonst herunter, sondern halte inne und lebe den Morgen bewusst.

Deine **E-Mails** können auch noch ein Weilchen warten und so tankst du in Ruhe Energie. Du wirst dich an den neuen Rhythmus schnell gewöhnen und der graue Morgen wird dir bald schon besser gefallen.

An freien Tagen kannst du dich bewusst für Spaziergänge entscheiden oder deine Sportschuhe vor dem Bett platzieren. Dadurch wirst du deine Zeit zwangsläufig mehr an der frischen Luft verbringen. Auch dadurch schärfst du deine Sinne, indem du dich auf das Wesentliche besinnst. Durch

Bewegung, gerade am Morgen, wirst du deinen Kreislauf in Schwung bringen.

Zuvor bist du, ohne genervt zu sein, aus dem Haus und am Briefkasten vorbei, denn durch das „*keine Werbung*"-Schild auf dem Briefkasten hat sich deine Post auf ein Minimum reduziert. Du sparst dir den Gang zum Briefkasten und schonst gleichzeitig die Umwelt. Wenn du dein Handy checkst, wirst du zunächst auch erst einmal nicht von Millionen E-Mails bombardiert, denn nervige Newsletter hast du endlich abbestellt.

Noch in deiner Wohnung hast du viel Zeit gespart, da du die Garderobe, die schon lang verdreckt und zugestellt war, endlich einmal aufgeräumt hast. Statt Chaos herrscht nun Struktur vor. Der Stapel von

Zeitungen ist auch Geschichte, daher findest du nun immer sofort, was du eigentlich finden willst.

Ähnlich sieht es in deinem Badezimmer aus: all die Artikel, die dort zwar stehen, die du aber gar nicht benutzt, wandern in den Mülleimer. „*Weniger ist mehr*" also auch hier. Alles, was du brauchst, hast du im Überblick. Gleichzeitig fühlst du dich wohler, denn die Ordnung in der Wohnung sorgt auch für Ordnung in deinen Gedanken. Mit einem aufgeräumten Gefühl läufst du vielleicht zwar nicht zur Arbeit, doch ist dein Auto auch endlich aufgeräumt und du hast nicht gleich das Gefühl, dass du dich in einer Müllhalde befindest. Beim Einkauf wirst du dich für die Dinge und Lebensmittel entscheiden, die du auch wirklich benötigst.

Von den üblichen Versuchungen lässt du ab jetzt die Finger. An der Kasse freut sich dein Geldbeutel darüber und zuhause wird dir gar nicht auffallen, was du letzten Endes nicht gekauft hast.

Zuhause hast du dir einige Bücher besorgt, die dir neue Einblicke in ein Themengebiet ermöglichen. Du bildest dich weiter, regst aktiv deine Gedanken an und lässt den Fernseher für eine Weile Fernseher sein. Schließlich hast du ohnehin nichts Sinnvolles geschaut und hast das Gerät oft dafür benutzt, um einzuschlafen. Letzten Endes aber hast du dein Bewusstsein, nicht nur für die Dinge deines Lebens, sondern auch zu dir, geschärft. Du machst dich nicht mehr von der Meinung der anderen abhängig, sondern weißt nun besser, wer du bist, wer du sein willst und warum du zufrieden mit dir sein kannst.

Es sind diese inneren Erkenntnisse, die alles andere bedingen können und die dich immer häufiger am Tag lächeln und genießen lassen. Das ist es schlussendlich, worum es täglich geht: *carpediem* - nutze den Tag!

Minimalistisch Leben mit Kindern?

Eltern mit Kinder kennen das Problem nur zu gut: Man hat einen Haufen Kinderkleidung und Spielzeug zuhause und man hat das Gefühl, dass ständig neue Dinge hinzukommen.

Da ist die Frage berechtigt, ob ein minimalistisches Leben mit Kindern überhaupt möglich ist.

Die Medien versuchen uns häufig davon zu überzeugen, dass wir noch glücklicher sein könnten, wenn wir bestimmte Dinge kaufen. Sie vermitteln meist, dass sich unsere Probleme auflösen, indem wir uns materielle Dinge anschaffen. Auch bei Baby- und

Kinderprodukten ist dies der Fall. Natürlich brauchen unsere Kleinen auch eine ganze Menge. Da kann es schon mal schwierig werden auf bestimmte Dinge zu verzichten. Eine Babytrage ist für die meisten Eltern wahrscheinlich unverzichtbar in den ersten eineinhalb Lebensjahren des Kindes.

Aber nach mehreren Jahren (und vor allem mit mehreren Kindern) staut sich hier und dort das ein oder andere unnötige Zeug an. Brauchen wir wirklich haufenweise Spielzeug, mit dem die Kinder sowieso nicht mehr (oder nur noch selten) spielen? Und was ist mit der Kleidung, die längst zu klein geworden ist? Sollte man die einfach wergwerfen?

Auf gar keinen Fall!

Kleidung, die noch gut erhalten ist, kann zum Beispiel gespendet werden. Denn es gibt viele bedürftige Familien, die auf solche Spenden angewiesen sind. Vielleicht hast du aber auch Freunde und Bekannte, die Kinder haben und noch Verwendung dafür finden. Aus alter oder kaputter Kleidung lassen sich übrigens hervorragend Topflappen oder Putztücher herstellen. Vielleicht findest du sogar selbst noch Wege, alte Kleidung zu recyceln.

Neue Kleidung kann man meist sehr gut in Second-Hand-Läden kaufen. Im besten Fall sollte man auf Synthetik-Fasern komplett verzichten und möglichst immer auf Baumwolle setzen.

Denn Synthetik besteht aus Kunststoff und ist von unserer Umwelt nur schwer abbaubar. Kunststoff ist außerdem schädlich für die Gesundheit und kann vor allem bei Kindern großen Schaden anrichten. Dazu aber später noch mehr.

Ein weiteres Problem ist, dass Kinder manchmal unbedingt etwas haben möchten. Viele Eltern glauben, dass sie ihr Kind glücklich machen, wenn sie ihm direkt jeden Wunsch erfüllen und ihm neue Dinge kaufen.

Aber auch Kinder lassen sich leicht von den Medien täuschen. Sie sehen Spielzeug überall in der Werbung, die ihnen suggeriert, dass sie es haben müssen, um Spaß zu haben. Spielzeug ist bekanntlich in den ersten Tagen besonders interessant für Kinder. Nach einiger Zeit liegt es meist aber nur noch in der Ecke herum. Dann sollte man sich fragen:

Braucht das Kind dieses Spielzeug wirklich noch? Oder kann man dieses Spielzeug aussortieren?

Beim Aussortieren des **Spielzeugs** kann man gut erhaltene Dinge ebenfalls spenden. Wie wäre es außerdem mit einem Spielzeugtausch? Dabei tauscht man ein Spielzeug, mit dem die Kinder kaum noch spielen, gegen ein Spielzeug der Kinder von Freunden oder Bekannten ein. Somit haben beide Kinder ein „*neues*“ Spielzeug, mit dem sie beispielsweise eine Woche spielen können, bevor sie es wieder eintauschen. Dadurch hält man das Spielzeug für die Kleinen spannend ohne dass sich immer mehr Spielzeug in der Wohnung ansammelt.

Das Spielzeug generell zu reduzieren, kann außerdem eine gute Lösung sein. Denn meist wissen die Kinder vor lauter Möglichkeiten gar nicht mehr womit sie spielen sollen.

Hier gilt ebenfalls die Regel: *Weniger ist Mehr.*

Spielzeug (besonders elektronisches Spielzeug) hat meistens eine bestimmte Funktion. Man drückt zum Beispiel auf einen Knopf und das Lämpchen blinkt auf oder das Spielzeug bewegt sich und zusätzlich macht es vielleicht sogar noch ein Ton. Das mag zwar für das Kind besonders spannend sein, es fördert allerdings in keiner Weise die Kreativität des Kindes. Im Gegenteil - das Kind hat durch solch ein Spielzeug meist kaum noch neue Erfindungen und Ideen. Es verliert den Spaß an einfachen Dingen, da sie nicht sofort aufblinken, wenn es sie berührt.

Viele Eltern beschweren sich, dass ihre Kinder ständig Langeweile haben. Oder sie wollen, dass ihre Kinder etwas lernen. Also kaufen sie ihm zum Beispiel ein Tablett, welches das Kind unterhalten oder sogar etwas beibringen soll. Allerdings ist das nicht unbedingt immer Lösung des Problems.

Es mag sich zunächst einmal komisch anhören, aber Langeweile fördert die Entwicklung der Wahrnehmung des Kindes. Wird das Kind von zu vielen Dingen und zu vielen Möglichkeiten überflutet, hemmt das seine **kognitive Entwicklung**.

Das Kind ergreift kaum noch Eigeninitiative und es nutzt kaum noch seine eigene Fantasie zum Spielen. Dadurch gehen wichtige Lernprozesse in der Entwicklung verloren. Wenn Kinder Langeweile haben, fange sie an sich Situationen vorzustellen und daraus ein Spiel zu machen. Oder sie fangen an mit imaginären Freunden zu sprechen oder gehen nach draußen und erkunden die Natur. Und genau in diesem Moment finden wichtige Lernprozesse statt.

Meist fängt es schon in der Schwangerschaft an, dass wir uns viele neue Dinge zulegen. *Die Kinderzimmereinrichtung und all die Pflegeprodukte, die man vorab schon kauft, sind die wirklich nötig?*

Normalerweise braucht ein Neugeborenes nicht viel zu Anfang. Die allerwichtigsten Dinge für das Kind sind doch eigentlich Liebe, Nahrung und die Wärme der Eltern. Denke außerdem mal darüber nach:

Je weniger Geld man für unwichtige Dinge ausgibt, desto weniger muss man arbeiten und desto mehr **Zeit** hat man für seine eigenen Kinder.

Und welches Kind ist wohl glücklicher:

Ein Kind mit viel Spielzeug oder ein Kind, das regelmäßig Zeit mit seinen Eltern verbringen kann?

Kinder übernehmen außerdem schnell die Verhaltensweisen und Ansichten ihrer Eltern. Wenn du dein Kind also minimalistisch und sparsam erziehen möchtest, dann solltest du es ihm auch genauso vorleben.

Minimalismus aus Liebe zur Natur

Minimalismus bedeutet auch, dass man bewusst und nachhaltig konsumiert und einen möglichst kleinen Fußabdruck auf diesen Planeten hinterlässt. Dabei solltest du unterschiedliche Bereiche in Betracht ziehen.

1. Die Nutzung von Wasser, Strom und anderen Rohstoffen

Wie du sicher schon weißt, neigen sich viele wichtige Rohstoffe langsam aber sicher dem Ende zu auf unserem Planeten. Möchte man also einen möglichst geringen Schaden auf unserer Erde anrichten, dann sollte man diese Rohstoffe schonen.

Um Wasser zu sparen, kann man zum Beispiel kürzere Duschgänge einführen und kaputte Wasserhähne reparieren. Aber auch Strom und Rohstoffe, wie Benzin können gespart werden. Sorge dafür, dass du elektrische Geräte und Lichter immer ausschaltest, wenn du sie nicht verwendest. Überlege dir auch: Musst du wirklich mit dem Auto fahren? Oder schaffst du die Strecke zu Arbeit vielleicht auch mit dem Fahrrad?

2. Der Lebensmittelkonsum

Aber den wohl größten Einfluss auf unsere Umwelt hat die Industrie der Landwirtschaft. Ja, du hast richtig gehört! Auch unser Essverhalten schadet unserer Umwelt! Lebensmittel, die einen langen Transportweg hinter sich haben, wie zum Beispiel

Obst und Gemüse, das nicht in Deutschland oder gar Europa angebaut wird und generell Lebensmittel, die hier nicht hergestellt werden, hinterlassen natürlich einen größeren CO2-Abdruck als Lebensmittel aus lokaler Herstellung bzw. lokalem Anbau.

Außerdem erfordern tierische Produkte, wie Fleisch, Milch, Käse etc. einen längeren Herstellungsprozess, als zum Beispiel Gemüse. Bis eine Kuh ausgewachsen ist und Milch gibt oder bis ein Schwein geschlachtet werden kann, wird natürlich Futter und Wasser benötigt.

Grob geschätzt benötigt ein Kilo Rindfleisch zum Beispiel 15.000 Liter Wasser. Das Futter der Rinder besteht außerdem zum größten Teil aus Mais, was ebenfalls ein Nahrungsmittel für uns Menschen ist. Wenn man nun bedenkt, dass man all das aufwenden muss, um sein Stück Steak auf dem Teller genießen zu können, dann ist es kein Wunder, dass die Umwelt unter den übermäßigen Fleischkonsum der heutigen Gesellschaft leidet. Ich sage natürlich nicht, dass wir ab heute alle Veganer werden sollten! Aber wir sollten bewusster mit dem Konsum bestimmter Lebensmittel umgehen. Schon ein paar fleischfreie Tage in der Woche können eine Menge bewegen.

Minimalismus kann übrigens beim Essen eine wichtige Rolle spielen, um nicht nur die Umwelt zu schonen, sondern auch um sich selbst und seine eigene Gesundheit zu schonen.

Setze größtenteils auf gesunde, frische und nährstoffreiche Lebensmittel.

Esse außerdem langsam und mit Achtsamkeit: Lege dein Handy beim Essen zur Seite und bleibe mit deiner Aufmerksamkeit beim Verzehr der Nahrungsmittel.

Nehme dir die Zeit zum Essen und genieße es!

3. Das Produzieren von Müll

Es befinden sich rund 7,6 Milliarden Menschen auf diesem Planeten. Wir alle produzieren Müll - und das jeden Tag! Ein Teil des Mülls kann die Umwelt natürlich mit der Zeit zersetzen. Allerdings gibt es eine Art von Müll, die unserem Planeten ganz besonders schadet:

Der Plastikmüll.

Denn Plastik ist giftig und schadet nicht nur unserer Umwelt, sondern auch unserer Gesundheit. Es zersetzt sich nur schwer bis gar nicht und zerfällt zunächst einmal in kleine Teile. Somit gelangen die schädlichen Stoffe des Kunststoffes in unser Trinkwasser, unsere Ozeane und auch in unsere Nahrungsmittel.

Was können wir also tun, um unseren Müllkonsum (vor allem unseren Plastikkonsum) zu minimieren?

Eine Strategie ist zunächst einmal die Mülltrennung. Es ist wichtig den Müll zu trennen, damit das Plastik (bzw. ein Teil des Plastiks) wiederverwertet werden kann. Wenn du zum Beispiel einen Joghurtbecher in den Restmüll wirfst, dann endet er in der Müllverbrennungsanlage, welche bekanntlich Treibhausgase freisetzt und den Klimawandel begünstigt.

Wirfst du den Becher jedoch in den Plastikmüll, bringt ihn die Müllabfuhr zu einer Sortieranlage, wo der Müll getrennt wird.

Natürlich benötigt dieser Prozess einen gewissen Aufwand an Energie, allerdings ist dieser Weg weitaus umweltfreundlicher als die Verbrennung des Mülls. Auf diese Weise können Materialien, wie Plastik und Metall mehrmals wiederverwendet werden. Aus dem Aluminium-Deckel des Joghurtbechers werden zum Beispiel Getränkedosen hergestellt und der Becher an sich wird zusammen mit anderen Plastikprodukten zu einem Ballen gepresst, welcher zum Beispiel für die Produktion von Regenschirmen oder Plastikrohren verwendet wird. Du merkst also, dass sich das Mülltrennen wirklich lohnt und somit auch ein Teil des Minimalismus ist.

Ein weiterer Punkt ist, beim Einkaufen darauf zu achten, dass man möglichst wenig Plastik verwendet bzw. produziert. Gehe zum Beispiel mit einem Jute- oder Stoffbeutel einkaufen, statt bei jedem Einkauf an der Kasse eine Plastiktüte mitzunehmen. Übrigens sind Einweg-Taschen aus Papier ebenfalls schlecht für die Umwelt. Merke dir: Je öfter du ein Produkt oder Gegenstand verwenden kannst, desto umweltfreundlicher ist es.

Mittlerweile gibt es sogar Zero-Waste-Geschäfte (auch Unverpackt-Läden genannt), in denen man Lebensmittel ohne Verpackungen einkaufen kann.

Dort bringt man als Käufer seine eigenen Gefäße und Behälter mit, um die Nahrungsmittel zu transportieren. Informiere dich, wo es solche Läden in deiner Nähe gibt. Auch unsere Kosmetikartikel, die wir täglich verwenden sorgen für eine Menge Plastikmüll. Nicht nur die Verpackungen dieser Produkte bestehen meist aus Plastik, sondern auch der Inhalt der meisten Produkte enthält oft Mikroplastik. Das

macht viele Kosmetikartikel unglaublich schädlich für unsere Haut und unseren Organismus.
Wie wäre es, wenn du statt der Flüssigseife aus dem Plastik-Seifenspender zum Beispiel die gute alte Kernseife benutzt oder die einmal-verwendbaren Wattepads durch waschbare Abschminkpads aus Baumwolle oder durch einen einfachen Waschlappen ersetzt?

Hier habe ich noch weitere Tipps für dich, um den Plastikmüll bei Kosmetikartikeln zu reduzieren:

Benutze einen nachhaltigen Rasierer aus Metall, bei dem man lediglich die Metallklingen auswechseln muss.

Benutze eine Menstruationstasse, statt Einweg-Binden oder Tampons.

Kaufe von nun an Haarbürsten und Zahnbürsten mit einem Holzstiel, statt einem Plastikstiel.

Kaufe Wattestäbchen, die einen Pappstiel haben.

Brauchst du wirklich ein Rasiergel zum Rasieren? Oder reicht vielleicht auch ein Stück Seife zum Einseifen vor jedem Rasiergang?

Cremes und Lotionen zum Abschminken enthalten übrigens sehr viel Chemie. Ein einfaches Kokosnussöl wirkt genauso gut!

Benutze Shampoo in Form von Seifenstücke statt aus der Plastikflasche.

Oder wie wäre es, wenn du deine eigenen Kosmetikprodukte herstellst?

Stelle zum Beispiel dein eigenes Kamille-Shampoo her. Dazu habe ich für dich ein kleines Rezept zusammengestellt:

Lasse für das *Kamille-Shampoo* 250 Milliliter Wasser mit etwas Kamille aufkochen und lasse es eine Stunde lang ziehen, damit sich das Aroma entfalten kann. Gieße dann das Wasser durch ein Sieb in einen Behälter und gebe 125 Milliliter Seifenlauge hinzu. Fülle es danach in einen Behälter, um dein Shampoo aufzubewahren.

Kamille hat den Vorteil, dass es Entzündungen im Körper hemmt und bei juckender Kopfhaut hilft. Da es ein natürlicher Aufheller ist, ist es besonders für blondes Haar geeignet.

Solch ein Shampoo kannst du natürlich auch mit anderen Teesorten oder ätherischen Ölen herstellen. Auch Pflanzenöle, wie Olivenöl oder Sesamöl sind besonders wohltuend für Haare und Haut.

Du merkst schon, dass einige Kosmetikprodukte leicht ausgetauscht werden können. Dabei kannst du nicht nur Geld sparen, sondern auch etwas für deine Gesundheit und für unsere Umwelt tun!

Die Gedanken entrümpeln

Damit du deine minimalistischen Vorhaben durchsetzen, umsetzen, nach außen kehren kannst, kann es elementar sein, zunächst einmal dein Seelenleben aufzuräumen und deine Gedanken zu ordnen.

Solltest du in dir selbst nämlich keine Struktur erkennen oder vorfinden, wird es schwer werden, deinen Plan in die Tat umzusetzen.

Denn was nützt eine minimalistische Oberfläche oder ein Alltag, der nach dem Motto „*weniger ist mehr*“ funktionieren soll, wenn du dieses Motto bzw. Credo nicht in dir leben kannst? Es gibt verschiedene Wege und Ansätze, die eigenen Gedanken zu entrümpeln, um auch auf diese Art und Weise minimalistisch zu handeln.

Du kennst dich selbst am besten und wenn du dir dein Leben bewusstmachst, so wird dir selbst am besten auffallen, was notwendig ist, um bestimmte Schritte umzusetzen. Die folgenden Ausführungen können allerdings als Inspiration bzw. Motivation dienen.

Zunächst kann es für dich darum gehen, die eigenen Gedanken insofern zu entrümpeln, als dass du sie von allem freimachst, was du nicht brauchst und was bei genauerem Hinsehen nicht notwendig ist. Vielleicht belastest du deine Gedanken täglich, indem du dir **Status-Updates** bei *Facebook*, *Instagram* oder *WhatsApp* ansiehst.

Allgemein kann es die **Zeit am Handy** sein, die dir nicht nur Zeit klaut, sondern vielleicht nicht einmal etwas gibt. Eventuell wirst du sogar nur noch unzufriedener oder in dir schlummert Neid und Sehnsucht, wenn du bestimmte Dinge anschaust.

Genau so kann es ermüdend und nicht notwendig sein, ständig den neusten **Klatsch und Tratsch** aus dem Umfeld zu hören. So belastest du deine Gedanken mit Themen, die für dich selbst eigentlich gar nicht wichtig sind.
Eventuell beschäftigst du dich intensiv mit dem **Leben von Prominenten** und bist damit beschäftigt, ihnen nachzueifern. Diese

Zeit solltest du freimachen, indem du deine Gedanken entrümpelst und sie für etwas einsetzt, das lohnenswert ist. Es kann ein gutes Buch oder gute Musik sein. Genauso können Treffen mit Menschen, die einem etwas bedeuten, zu guten Gedanken führen.

Ein großer Teil unserer Gedanken wird von unseren **Sorgen** dominiert. Einige Sorgen und Ängste sind mit Sicherheit „*berechtigt*", denn schließlich gehören Sorgen und Ängste zum menschlich sein dazu. Wenn du dir allerdings über deine Sorgen bewusstwirst, so wird dir vielleicht auffallen, dass viele „*Was wäre wenn?*"**-Gedanken** in dir schlummern.

Sorgen und Ängste, die also gar nicht realistisch sind, die am Ende wahrscheinlich auch nicht eintreten werden. Werde dir darüber bewusst und lerne, im Hier und

Jetzt zu leben. Wir alle haben die Gewohnheit, an die Zukunft zu denken und unsere Gedanken den nächsten Terminen zu widmen. Dabei leben wir nur im aktuellen Moment, in der Gegenwart. Jeder Moment sollte individuell gut gelebt werden.

Dazu gehört auch, dass man seinen Gedanken einer Sache widmet. Aufmerksamkeit und Bewusstsein sind wertvolle Güter und so belastet es unsere Gedankenwelt nur unnötig, wenn wir dem **Multitasking** verfallen. Ständig an mehrere Dinge gleichzeitig denken, mehrere Dinge gleichzeitig machen. Am Ende wollen wir in kürzester Zeit viel geschafft haben. Doch da sich unsere Gedanken nicht frei und strukturiert entfalten können, wollen wir mehr, erreichen jedoch am Ende weniger. Dabei gilt auch hier das Motto: *„weniger ist mehr“*.

Um Gedanken loszuwerden, die sonst nur stören würden, kannst du dir angewöhnen, sie festzuhalten. **Notiere Gedanken** auf dem Handy oder schreibe sie in ein Notizbuch, um sie festzuhalten, abzuhaken, loszulassen.

Ein wichtiger Teil des inneren Minimalismus besteht auch darin, sich über Dinge bewusst zu werden. Diese **Bewusstwerdung** betrifft aber auch jeden selbst. Da der Fokus auf dem Hier und Jetzt liegt, lauten die Fragen, auf die sich die **Aufmerksamkeit** lenken sollte:

„Welche Dinge will ich am heutigen Tag erledigen?" „Was benötige ich wirklich, um mein Ziel zu erreichen?" „Welche Umstände halten mich sonst von diesem Ziel ab?" „Wie kann ich sie umgehen?"

Mit dieser Bewusstwerdung und Aufmerksamkeit geht auch die **Konzentration** einher.

Du solltest etwas machen, weil du es auch wirklich machen möchtest. Lasse dich nicht ablenken oder dich von etwas abbringen und du wirst deinem Leben eine bessere Note geben. Deine Gedanken sind aufgeräumt, dein Leben klarer, dein Alltag strukturierter.

Innerhalb seiner Gedanken gilt es auch, sich von diversen **Zwängen, Blockaden und Gedankenmustern** zu befreien. Damit man sich diesen **Glaubenssätzen** bewusstmachen kann, muss man sich natürlich gut kennen. Horche in dich hinein, formuliere, was dich bewegt und werde dir darüber bewusst, was deine innere Haltung ist.

Was zieht dich nach unten?

Was blockiert deine Energie für den Alltag?

Am Ende wirst du weniger und doch gleichzeitig mehr denken. Dazu gehört es auch, sich von Dingen zu trennen und Ordnung und Struktur im Alltag zu schaffen. Dinge, die in den obigen Kapiteln ja bereits Anklang gefunden haben.

Um aus einem selbstbewussten Fundament profitieren zu können, ist es auch wichtig, sich von der **Anerkennung anderer Menschen** zu lösen. Denn was viele Menschen antreibt ist der Druck von außen, die Normen der Gesellschaft und externe Erwartungen. Dabei ist es wichtig, ein selbstbestimmtes Leben zu führen. Dein Leben ist einmalig und du bist derjenige, der damit zufrieden sein muss. Letzten Endes ist es ratsam, *„von innen nach außen"* zu handeln, was bedeutet, bei sich anzufangen und seine Methode langsam nach außen zu kehren.

Auch hier ist es nicht verlangt, dass man von heute auf morgen ein neuer Mensch wird. Schließlich dauert es, bis Gedanken zu Gewohnheiten werden und Gewohnheiten schließlich den Charakter zum Positiven verändern. Bei unseren Taten und Handlungen handelt es sich um Ausdrücke, die von innen kommen.

Daher nützt es nichts, wenn wir an der Oberfläche arbeiten, die „*Blätter eines Baumes abschneiden*", „*einige Äste verbiegen*" oder Laub kehren. Um eine nachhaltige Veränderung auszulösen, ist es notwendig, sich den Wurzeln zu widmen. Dafür musst du zunächst zu deinen Wurzeln zurückkehren.

Der 9-Schritte-Plan für einen guten Start

Viele fragen sich, wo oder wie sie genau anfangen sollen und ab wann ein Leben wirklich minimalistisch ist. Das Gute ist, dass es hier keine genauen Richtlinien gibt. Du kannst also für dich selbst entscheiden, wie weit du gehen möchtest und womit du dich selbst wohlfühlst.

Aller Anfang ist aber bekanntlich schwer! Und so ist es auch, wenn man ein minimalistisches Leben anstrebt und man sein derzeitiges Leben ein bisschen umstellen muss. Dabei gibt es ein paar Tricks und Vorgehensweisen, die einem den Einstieg erleichtern können.

Mein 9-Schritte-Plan soll dir dabei helfen, leichter in ein minimalistisches Leben zu starten:

Löse dich von deinen Ängsten (1)

Die meisten Menschen scheitern daran, dass sie Angst haben. Sie lassen sich zu sehr von der sozialen Norm (also das, was in ihrer Gesellschaft als „*normal*“ angesehen wird) mitreißen.
Deine Freundinnen haben vielleicht zehn verschiedene Kleider im Schrank hängen und tausend Küchengeräte, von denen sie denken, dass sie sie vielleicht irgendwann einmal brauchen könnten. Und genau das ist es.

Wenn man zu sehr in der Zukunft lebt und weniger im Hier und Jetzt, fängt man an sich abzusichern. Was ist, wenn eine wichtige Veranstaltung ansteht und man unbedingt einen schicken Anzug braucht? Schon einmal daran gedacht, dir einen Anzug von einem Freund zu leihen?

Ängste führen dazu, dass wir anfangen Dinge zu horten, in der Befürchtung, wir würden sie irgendwann einmal brauchen. Das gleiche gilt für Versicherungen. Nur aus der Angst heraus, dass irgendwann einmal unser Haus in Flammen aufgehen könnte, versichern wir es. Wir haben zu viel von der Vorstellung „*Was ist, wenn…?*“ in unserem Kopf. Ich will nicht sagen, dass Versicherungen totaler Unsinn sind. Aber braucht man sie wirklich alle?

Was wäre, wenn wir ein bisschen mehr Vertrauen in das Leben haben und wenn wir einfach mal darauf bauen, dass sich die Probleme schon lösen werden, sobald sie kommen? Je mehr wir im Hier und Jetzt leben, desto einfacher wird es sein, die eignen Ängste über die Zukunft loszuwerden und desto einfacher wird es sein, sich von Dingen zu trennen.

Rede mit deinen engsten Freunden oder deine Familie darüber. Wie denken sie davon? Offen darüber zu sprechen, kann dir dabei helfen, dich von deinen Ängsten zu lösen. Sie sind vielleicht selbst davon angetan und möchten ihr eigenes Leben ebenfalls verändern. Das wäre umso einfacher für dich!

Gehe nach und nach vor (2)

Alles braucht seine Zeit. Wie bei einer Ernährungsumstellung, muss man auch sein Leben nach und nach umstellen. Du kannst zum Beispiel mit der folgenden Regelung beginnen: Gebe 30 Tage lang jeden

Tag einen Gegenstand aus deinem eigenen Besitz weg. Dinge, die man nicht mehr verwenden kann, können in den Müll. Alles andere kann man zum Beispiel spenden oder an Freunde weitergeben, die dafür Verwendung finden.

Organisiere deine Umgebung (3)

Ordnung schafft eine ganze Menge Freiraum, nicht nur in der Wohnung, sondern auch im Kopf. Sortiere beispielsweise deinen Kleiderschrank, dein Büro oder deine Küchenutensilien neu. Je mehr Ordnung herrscht, desto besser behältst du den Überblick über das, was du besitzt.

Dinge, die du momentan nicht benötigst, kannst du zum Beispiel in eine Kiste packen. Bleibt diese Kiste monatelang ungeöffnet, weißt du selbst, dass du diese Dinge wirklich nicht mehr benötigst. Wozu solltest du sie also weiter aufbewahren?

Gebe deinen Stauraum auf (4)

Der meiste Stauraum ist vor allem für Dinge da, die man nicht regelmäßig benutzt. Daher sollte man solche Abstellmöglichkeiten, wie den Keller, den Dachboden oder Schränke gar nicht erst kreieren.

Wie wäre es, wenn du deine Stauräume aufgibst? Dann kommst du gar nicht erst in die Versuchung wieder irgendwelche Dinge zu sammeln oder aufzubewahren. Sie verschwinden nicht einfach in irgendeiner Schublade, wo sie für immer für immer vergessen werden. Hast du keinen Stauraum, dann hast du auch nicht die Möglichkeit Dinge aufzubewahren - so einfach ist das!

Überlege dir, wie du deinen Kaufkonsum reduzieren kannst (5)

Es gibt viele Möglichkeiten den eigenen Kaufkonsum zu reduzieren. Jeder muss dabei für sich selbst überlegen, auf welche Dinge er verzichten kann und welche er unbedingt benötigt. Frage dich bei jedem Kauf:

Bringt mir dieses Produkt einen echten Mehrwert im Leben?

Kann ich dieses Produkt auch gebraucht kaufen oder mir vielleicht von einem Freund ausleihen?

Gibt es dieses Produkt auch in einer umweltfreundlicheren Form?

Kann ich das Produkt auch selbst herstellen, zum Beispiel aus Dingen, die ich bereits Zuhause habe?

Gegenstände, die kaputt gehen, könnte man oft noch reparieren. Warum sollte man sie also neu kaufen?

Kaufe nachhaltig ein (6)

Achte beim Kauf von neuen Produkten immer auf deren Qualität und Langlebigkeit. Kaufe zum Beispiel lieber eine qualitativ hochwertige Hose, die etwas mehr kostet, aber dafür länger hält, als drei Hosen, die nach ein paar Wochen schon wieder kaputt gehen.

Achte immer auf die Materialen. Plastik ist zwar langlebig, aber dafür meist qualitativ minderwertig. Außerdem ist es, wie schon erwähnt wurde, schädlich für die Umwelt und für unsere Gesundheit. Wie wäre es zum Beispiel mit Holz, Glas oder Edelstahl? Wichtig ist, dass du Freude an dem Produkt hast und es nicht nach ein paar Verwendungen wieder wegwirfst.

Übertrage den Minimalismus auf andere Bereiche (7)

Sobald dein Heim etwas organisierter ist kannst du den Minimalismus auch auf andere Bereiche in deinem Leben übertragen. Räume deine sozialen Medien auf, indem du Werbung und Beiträge, die du nicht sehen möchtest, „abbestellst" (nicht mehr abonnierst). Welche Beiträge bringen dir wirklich einen Mehrwert im Leben? Mit was möchtest du deine Gedanken täglich füllen? Musst du wirklich über die neusten Trends informiert werden? Überlege dir selbst auch, ob du wirklich auf unterschiedlichen sozialen Netzwerken angemeldet sein musst. Versuche dein Handy-Gebrauch evtl. zu beschränken, indem du dir bewusst Regeln setzt, wie zum Beispiel das Handy nur am Abend für eine halbe Stunde für soziale Medien zu benutzten.

Somit kannst du den Minimalismus langsam aber sicher auf alle Bereiche deines Lebens übertragen. Bist du total gestresst? Wie wäre es, wenn du einen Gang zurückschaltest und dir eine Pause gönnst. Miste deine negativen Glaubenssätze und Gedanken einmal aus und führe zum Beispiel eine Meditation durch. Überlege dir außerdem bei allem was du tust, ob es dir wirklich Freude macht oder ob du es nur tust, weil andere es von dir erwarten.

Übe dich in Dankbarkeit (8)

Durch die Dankbarkeit lernen wir Dinge mehr zu schätzen und mit wenig Dingen trotzdem glücklich zu sein. Wenn wir dankbar sind für Dinge, wie Gesundheit, Freunde oder einfach nur das leckere Essen am Abend, dann macht uns das automatisch glücklicher.

Manche Menschen führen deshalb ein tägliches Ritual ein: Sie schreiben zum Beispiel jeden Abend drei Dinge auf, für die sie am heutigen Tag dankbar sind. Du kannst dies natürlich auch in deinem Kopf durchgehen oder es dir laut vorsagen. Es können große, aber auch kleine Dinge sein, für die du dankbar bist. Du musst nicht lange überlegen und kannst einfach den ersten Gedanken nehmen, der dir in den Sinn kommt. Durch die Dankbarkeit wirst du dich selbst immer wieder an den Minimalismus erinnern. Du brauchst einfach nicht viel um glücklich zu sein.

Tu dir selbst etwas Gutes (9)

Vergiss nicht, dass Minimalismus dir einen wahnsinnig wichtigen Vorteil verschafft - nämlich den Vorteil, dass du mehr Zeit für dich hast. *Nutze diese Zeit!*

Tu dir selbst etwas Gutes, indem du Dinge tust, die du immer einmal machen wolltest. Lies ein Buch, dass du immer schon einmal lesen wolltest oder fange ein neues Hobby an. *Oder wie wäre es, wenn du mehr Zeit mit den Menschen verbringst, die dir wichtig sind?*

Was auch immer es ist, du lebst genau jetzt! Warum solltest du deine Zeit mit neuen Gegenständen, mehr Arbeit und unwichtigen Beiträgen verschwenden? Tu doch einfach das, was dir Spaß macht und verzichte auf den Konsumzwang!

So vermeidest du Rückfälle

Das Ausmisten und Entrümpeln des eignen Heims sorgt bei den meisten Menschen für ein regelrechtes Hoch der Gefühle. Sie fühlen sich plötzlich freier und leichter. Allerdings fällt es Vielen nicht leicht die neu gewonnene Freiheit beizubehalten. Denn nicht selten fallen sie in alte Gewohnheitsmuster und fangen nach einer kurzen Zeit wieder damit an haufenweise Dinge zu kaufen und die Wohnung erneut zuzustellen. Meist passiert dies auf einer völlig unbewussten Ebene. *Das ist auch kein Wunder!*

Denn wir haben schon als Kinder gelernt, Dinge solange zu horten und aufzubewahren, bis wir keinen Platz mehr dafür haben.

Die folgenden vier Strategien können dir dabei helfen Rückfälle in den übermäßigen

Konsum zu vermeiden und dein minimalistisches Leben beizubehalten:

1. Warte mit dem Neukauf

Zum einen solltest du bei jedem geplanten Neukauf erst einmal abwarten, wenn der Neukauf nicht unbedingt überlebenswichtig für dich ist. Denn häufig sehen wir etwas und lassen uns von dem Angebot und dem Aussehen verführen.

Manchmal kaufen wir sogar Dinge, die Zuhause direkt in der Ecke oder im Schrank landen und nie wieder angefasst werden. Dies sind die sogenannten Spontankäufe - wir kaufen also Dinge, die wir eigentlich nicht auf unsere Einkaufsliste geschrieben haben, sondern irgendwo sehen und spontan Lust darauf bekommen, sie zu kaufen.

Sobald du also diesen Drang danach verspürst eine Sache zu kaufen, weil du sie gerade irgendwo gesehen hast, solltest du sie noch einmal auf die Warteliste setzen.

Denn meist erledigt sich das Ganze von selbst, wenn man selbst noch einmal eine Nacht darüber schläft. Der Impuls verschwindet dann meist von ganz alleine wieder und am nächsten Tag erscheint uns die Sache gar nicht mehr so attraktiv.

2. Tausche Gegenstände aus

Manchen Menschen hilft es mit der folgenden Strategie zu arbeiten: Jeder Gegenstand der neu in die Wohnung gelangt, wird durch einen Gegenstand ausgetauscht, der die Wohnung verlässt. Kaufst du zum Beispiel ein neues Kleidungsstück, spendest du dafür ein altes Kleidungsstück.

Dadurch wird einem eher bewusst, dass man schon genügend Gegenstände besitzt und verhindert somit einen Neukauf. Nur wenn man diesen neuen Gegenstand wirklich besitzen möchte und dafür einen anderen aus seinem Besitz hergeben möchte, kann man sich auf einen Neukauf einlassen. Somit verhindert man, dass der Bestand an Gegenständen erneut wächst.

3. Halte dich von Werbung fern

Überall sehen und hören wir Werbung, die uns versucht zum Kaufen zu animieren. Darum solltest du dich so gut wie möglich von Werbung fernhalten. Wie schon erwähnt wurde, können „Bitte keine Werbung“ - Aufkleber und weniger Fernsehkonsum dir zum Beispiel dabei helfen.

Interessierst du dich für ein Produkt, dann kannst du dich gezielt darüber informieren.

Lenke deine Aufmerksamkeit selbst von innen heraus und lasse sie nicht von außen, sprich von irgendwelchen Firmen lenken.

4. Stelle dir Gegenfragen

Wenn du dich fragst, ob du ein neues Produkt kaufen sollst, dann stell dir immer Gegenfragen. Frage dich bei jedem Produkt, ob du es nicht irgendwo Zuhause in einer ähnlichen Form schon hast. Vielleicht kannst du diesen Gegenstand auch irgendwo ausleihen, wenn du ihn nur für eine gewisse Zeit oder nur einmalig benötigst.

Die wichtigsten Frage ist allerdings immer:

Bereichert dieses Produkt wirklich dein Leben?

Es geht beim Minimalismus nicht darum so wenig wie möglich zu besitzen, sondern sich auf die Sachen zu beschränken, die dir wirklich eine Freude machen und die dir wirklich wichtig im Leben sind.

Erinnere dich außerdem daran:

Was ist dir wichtiger?

Viel zu arbeiten und viel zu konsumieren? Oder lieber weniger zu arbeiten und dafür mehr Zeit zu haben und deine Träume zu verwirklichen?

Bonus: Minimalismus durch die Macht der Visualisierung

Beim Visualisieren fokussieren wir unsere Gedanken auf Dinge und Umstände, die wir gerne erreichen wollen. Wenn wir also ein minimalistisches Leben anziehen wollen, dann können wir hierfür die Macht der Visualisierung nutzen.

In den USA ist diese Möglichkeit, seine Ziele zu erreichen besonders unter Business Leuten weit verbreitet, doch auch Stars, Sportler oder Moderatoren nutzen die **Macht der Visualisierung** als wichtiges psychologisches Instrument.

Die Visualisierung hat so einen hohen Stellenwert erlangt, dass sie sogar in die Medizin Einzug erhalten hat. Jeder kennt den

Placebo Effekt. Das ist nichts anderes, als mittels Visualisierung (Vorstellungskraft) eine Verbesserung des gesundheitlichen Zustandes zu erreichen. Die Visualisierung verwandelt geistig vorgestellte Bilder für unser Gehirn in eine Realität!

Für das **Visualisieren** gebrauchen wir unser geistiges Auge:

Die Visualisierung funktioniert außerhalb der drei Dimensionen. Nun könntest du fragen: *„ist das denn dann noch reell?“* Die

Antwort hierauf ist ganz klar: für unser Gehirn ist immer das reell, was wir visualisieren.

In wissenschaftlichen Studien hat sich gezeigt, dass unser Gehirn zwischen Visualisiertem und Realem nicht unterscheiden kann. Dazu wurde in Harvard eine Studie durchgeführt.

Es wurden zwei Gruppen von Personen eine einfache Melodie auf dem Piano vorgespielt. Nun sollte die eine Gruppe die Melodie fünf Tage lang für je zwei Stunden selbst am Piano spielen. Die andere Gruppe sollte sich einfach nur vorstellen, die gleiche Melodie in der gleichen Häufigkeit zu spielen. Die neurologische Auswertung förderte dann zutage, dass die Ergebnisse beider Gruppen nahezu identisch waren.

„Du kannst die Zukunft verändern mit dem was du heute tust“ **(Redensart)**

Erfolgreich Visualisieren

Visualisieren heißt nicht nur von sich selbst oder einer Situation, welche einem passiert ein gedankliches Bild zu erschaffen. Es schließt noch andere Dinge ein, wie z. B. unsere Gefühle. Wir sollten uns deshalb bei einer Visualisierung vor allem wohl fühlen.

Dies hilft uns dabei, zusätzlich zu dem Bild, welches wir uns vor Augen führen, noch andere Dinge wahrzunehmen! Wir können Düfte riechen, oft nur als feine Nuancen zu erkennen, wir können Töne oder Melodien hören. Wir können Dinge haptisch fühlen.

Um nun eine erfolgreiche Visualisierung durchzuführen, atme erst ein paar Mal tief ein und wieder aus. Dann schließe deine Augen. Sei immer sehr detailliert in deinen Vorstellungen, achte auf jede Kleinigkeit! Welche Farben siehst du? Welche Kleidungsstücke tragen Personen? Wie ist die Vegetation? Blühen duftende Blumen? Riechst du vielleicht Regen?

Achte auf deine Gefühle! *Wurde dir ein Wunsch erfüllt? Wie fühlst du sich dabei?*

Wie ist deine Stimmung in welcher Situation? Achte auf Geräusche! Kannst du etwas hören? Musik? Eine Melodie? Je mehr Einzelheiten du aufnehmen und bildlich darstellen kannst, desto besser für eine erfolgreiche Visualisierung!

Die Visualisierung ist ein sehr starkes Werkzeug, um ein Leben zu erreichen, dass du dir immer gewünscht hast! Du kreierst dir deine eigene Welt, in der du dich wohl, sicher und zufrieden fühlst! Möglich macht das ein „*kleiner Trick*"! Denn die Visualisierung nützt den Umstand für sich, dass dein Gehirn, wie bereits zuvor erwähnt, nicht zwischen real und gedanklich unterscheiden kann. Es sieht lediglich Bilder! Und du sagst deinem Gehirn, was es mit diesen Bildern machen soll! Du konditionierst dein Gehirn dahingehend, dass es diese Informationen von dir mitgeteilt bekommt.

Möchtest du nun etwas visualisieren, dann tue dies so lange, bis sich deine Gedanken, deine Vorstellungen zu 100% real anfühlen! Nur dann, wenn dein Unterbewusstsein deine Visualisierung verarbeitet hat, kannst du davon ausgehen, dass sie erfolgreich sein wird!

„Fange an, diesen Moment zu leben und du wirst sehen - je mehr du lebst, desto weniger Probleme wird es geben“ **(Osho)**

Willst du also Minimalist sein, kannst du mithilfe der Visualisierung den ersten Schritt in die richtige Richtung machen, und die Macht der Visualisierung für dich und dein Leben nutzen.

Fazit & persönliche Empfehlung

Lieber Leser, liebe Leserin, in diesem Ratgeber haben wir uns das Thema **Minimalismus** nährt angeschaut.

Du hast nun einiges zum Thema Minimalismus gelesen und dir mit Sicherheit deine Gedanken gemacht. Manchmal wurde der Begriff Minimalismus hier pauschalisiert und es wurden ganz bestimmte Methoden zu ganz bestimmten Themen vorgestellt. Dabei gibt es „**DEN**" Minimalismus natürlich nicht!

Jeder Mensch kann den Begriff für sich anders definieren und ihn auch anders ausleben. Schließlich geht es hier nicht um eine Ideologie, die eine Gesellschaft verändern soll. Es geht um Anregungen für Menschen, die ihren Alltag besser machen wollen.

Dabei hat es jeder selbst in der Hand, wie und ob er seinen Alltag aufbessern möchte und in welche Bereiche des Lebens er minimalistische Akzente wirken lässt. Für manche kann es schon reichen, wenn sie sich von Konsumgütern trennen, da sie selbst gemerkt haben, dass ihre Wohnung einfach zu voll geworden ist

Für andere ist es wiederum wichtiger, Minimalismus von innen wirken zu lassen, indem sie ihre Gedanken loslassen und ihr Inneres reinigen, indem sie sich auf das Wesentliche beschränken - und damit gleichzeitig nicht beschränken.

Manche planen einen radikalen Lebenswandel, andere suchen nur Inspiration. In jedem Fall solltest du dir an einem Punkt deines Lebens bewusst machen, was in deinem Leben vielleicht nicht optimal läuft und was du besser machen kannst. Mit Sicherheit werden dir minimalistische Aspekte dabei helfen. Schließlich hat jeder Konsumgüter, von denen er sich trennen könnte und vielleicht auch sollte.

Wir alle sind Teil der besagten schnelllebigen Gesellschaft, in der Konsum sehr wichtig geworden ist. Eine Gesellschaft, in der sich unsere Art zu kommunizieren grundlegend verändert hat, worunter auch zwischenmenschliche Beziehungen leiden. Ein Bewusstsein darüber, was im Leben also wesentlich ist, in Zusammenhang mit der entsprechenden Dankbarkeit dürfte also jedem gut tun.

Man muss nicht jeden Trend mitmachen und man muss kein Aussteiger sein, um minimalistischer und schließlich glücklicher zu leben. Du kannst ein Teil der Gesellschaft bleiben und dennoch weniger Zeit am Smart Phone oder vor dem Fernseher verbringen.

Du kannst dich dazu entscheiden, Menschen in der Realität zu sehen, statt unpräzise Pseudo-Gespräche am Handy zu führen. Du kannst an deiner Ernährung, an deinem Alltag arbeiten und musst nicht zwangsläufig immer das Neuste und Aktuellste besitzen.

Letztendlich wirst du so merken, dass man nicht immer alles schneller machen, nicht alles wissen, nicht überall gewesen sein muss, nicht alles posten und lesen muss, um zufrieden zu sein. Im Gegenteil:

weniger ist mehr, denn mehr bedeutet oft weniger!

Abschließen möchte ich diesen Ratgeber mit einem Zitat tollen Zitat, auf welches ich durch Zufall gestoßen bin.

„We are what we repeatedly do, therefore excellence is not an Act, but a Habit." (Wir sind, was wir wiederholt tun. Daher ist Exzellenz keine einzelne Handlung, sondern eine Gewohnheit.)

Über den Ursprung sind sich die Gelehrten uneinig, wobei viele diese Worte dem Philosophen William James Durant zuschreiben.

Lieber Leser, liebe Leserin, mit diesem schönen Zitat möchte ich nun diesen Ratgeber beenden und hoffe, dass du neue Erkenntnisse gewinnen konntest und viel Freude beim Lesen hattest. Ich habe mir die größte Mühe beim Schreiben gegeben und würde mich sehr freuen, dich in Zukunft in weiteren Ratgebern begrüßen zu dürfen.

Stefan Seifert

Literaturverzeichnis

Minimalismus: Der neue Leicht-Sinn (Joshua Fields Millburn, Ryan Nicodemus)

Minimalismus: DER NEUE MINIMALISMUS FÜR EIN LEBEN IN LEICHTIGKEIT UND Freiheit (Cosima Sieger)

Minimalismus: 13 Porträts (Tanja Heller)

Minimalismus - Loslassen, um zu leben (Angela Fetzner)

Minimalismus für dein Lebensglück: Ballast über Bord werfen befreit ... (Christine Brandt)

Entrümple dein Leben mit Minimalismus: Ballast über Bord werfen befreit ... (Alina Lindholm)

Impressum

Coverfoto & Grafiken: depostiphotos.com
Covererstellung: fiverr.com

Haftungsausschluss: Die Benutzung dieses Buches und die Umsetzung der darin enthaltenen Informationen erfolgt ausdrücklich auf eigenes Risiko. Haftungsansprüche gegen den Autor für Schäden materieller oder ideeller Art, die durch die Nutzung oder Nichtnutzung der Informationen bzw. durch die Nutzung fehlerhafter und/oder unvollständiger Informationen verursacht wurden, sind grundsätzlich ausgeschlossen. Rechts- und Schadensersatzansprüche sind daher ausgeschlossen. Das Werk inklusive aller Inhalte wurde unter größter Sorgfalt erarbeitet. Der Autor übernimmt jedoch keine Gewähr für die Aktualität, Korrektheit, Vollständigkeit und Qualität der bereitgestellten Informationen. Druckfehler und Falschinformationen können nicht vollständig ausgeschlossen werden. Der Autor übernimmt keine Haftung für die Aktualität, Richtigkeit und Vollständigkeit des Inhaltes dieses Rat-gebers, ebenso nicht für Druckfehler. Es kann keine juristische Verantwortung sowie Haftung in irgend-

40330977R00090

Printed in Poland
by Amazon Fulfillment
Poland Sp. z o.o., Wrocław